高等职业教育能源□□□□□□□□□□材

电量电费抄核收

DIANLIANG DIANFEI CHAOHESHOU

● 主　编　刘跃群

● 参　编　吴　春　李吉也　周　畅
　　　　　高云鹏　曾　煜　柳芊芊
　　　　　王　蛟

重庆大学出版社

内容摘要

本书阐述了供电服务专业抄表核算收费等主要内容,涵盖 6 个学习情景及 19 个学习任务。书中内容包括抄表、电价执行、电费核算、电费催收与远程费控、营销账务处理、线损分析与售电统计,各学习任务都有任务指导书及任务考核评价表。

本书可作为高职职业教育供用电技术专业、供电服务专业的教材,也可作为电力营销工作人员的培训教材或参考用书。

图书在版编目(CIP)数据

电量电费抄核收 / 刘跃群主编. －－ 重庆:重庆大学出版社,2020.3(2023.1 重印)

ISBN 978-7-5689-2027-8

Ⅰ.①电… Ⅱ.①刘… Ⅲ.①用电管理—费用—高等职业教育—教材 Ⅳ.①F426.61

中国版本图书馆 CIP 数据核字(2020)第 045613 号

电量电费抄核收

主 编 刘跃群

参 编 吴 春 李吉也 周 畅
　　　高云鹏 曾 煜 柳芊芊
　　　王 蛟

策划编辑鲁 黎

责任编辑:文 鹏　版式设计:鲁 黎
责任校对:万清菊　责任印制:张 策

*

重庆大学出版社出版发行
出版人:饶帮华
社址:重庆市沙坪坝区大学城西路 21 号
邮编:401331
电话:(023) 88617190　88617185(中小学)
传真:(023) 88617186　88617166
网址:http://www.cqup.com.cn
邮箱:fxk@ cqup.com.cn(营销中心)
全国新华书店经销
重庆市国丰印务有限责任公司印刷

*

开本:787mm×1092mm　1/16　印张:12　字数:287 千
2020 年 3 月第 1 版　2023 年 1 月第 2 次印刷
ISBN 978-7-5689-2027-8　定价:45.00 元

高等职业教育能源动力与材料大类

（供电服务）系列教材编委会

实施乡村振兴战略,是党的十九大作出的重大决策部署。习近平总书记指出,"乡村振兴是一盘大棋,要把这盘大棋走好"。近年来,在国家电网有限公司统一部署下,国网湖南省电力有限公司全面建设"全能型"乡镇供电所,持续加大农网改造力度,不断提升农村电网供电保障能力,与此同时,也对供电所岗位从业人员技术技能水平提出了更新更高的要求。

近年来,长沙电力职业技术学院始终以"产教融合"为主线,以"做精做特"为思路,立足服务公司和电力行业需求,大力实施面向供电服务职工的定制定向培养,推进人才培养与"全能型"供电所岗位需求对接,重点培养电力行业新时代卓越产业工人,为服务乡村振兴和经济社会发展,提供强有力的人才保障。

教材,是人才培养和开展教育教学的支撑和载体。为此,长沙电力职业技术学院把编制适应供电服务岗位需求的教材作为抓好定向培养的关键切入点,从培养供电服务一线职工的角度出发,破解职业教育传统教材与生产实际、就业岗位需求脱节的突出问题。本套教材由长沙电力职业技术学院教师与供电企业专家、技术能手和星级供电所所长等人员共同编写而成,贯穿了"产教协同"的思路理念,汇聚了源自供电服务一线的实践经验。

以德为先,德育和智育相互融合。本套教材立足高职学生视角,在突出内容设计和语言表达的针对性、通俗性、可读性的同时,注重将核心价值观、职业道德和电力行业企业文化等元素融入其中,引导学生树立共产主义远大理想,把"爱国情、强国志、报国行"自觉融入实现"中国梦"的奋斗之中,努力成为德、智、体、美、劳全面发展的社会主义建设者和接班人。

以实为体,理论与实践相互支撑。教育上最重要的事是要给学生一种改造环境的能力(陶行知语)。为此,本套教材更加突出对学生职业能力的培养,在确保理论知识适度、实用的基础上,采用任务驱动模式编排学习内容,以"项目+任务"为主体,导入大量典型岗位案例,启发学生"做中学、学中做",促进实现工学结合、"教学做"一体化目标。同时,本套教材为校企合作开发,确保了课程内容源于企业生产实际,具有较好的"技术跟随度",较为全面地反映了专业最新知识,以及新工艺、新方法、新规范和新标准。

以生为本,线上与线下相互衔接。本套教材配有数字化教学资源平台,能够更好地适应混合式教学、在线学习等泛在教学模式的需要，有利于教材跟随能源电力专业技术发展和产业升级情况，及时调整更新。该平台建立了动态化、立体化的教学资源体系，内容涵盖课程电子教案、教学课件、辅助资源（视频、动画、文字、图片）、测试题库、考核方案等，学生可通过扫描"二维码"，结合线上资源与纸质教材进行自主学习，为大力开展网络课堂和智慧学习提供了有力的技术支撑。

教育者，非为已往，非为现在，而专为将来（蔡元培语）。随着现场工作标准的提高、新技术的应用，本套教材还将不断改进和完善。希望本套教材的出版，能够为全国供电服务职工培养培训提供参考借鉴，为"全能型"供电所建设发展做出有益探索！

与此同时，对为本套系列教材辛勤付出的编委会成员、编写人员、出版社工作人员表示衷心的感谢！

为认真贯彻落实"职教 20 条"的部署和国网公司职业院校改革发展精神，推进"三教"（教师、教材、教法）改革，提高电力职院教育质量，国网湖南省电力公司制定了企业大学教材编写规划，编写出贴近生产实际的新时代电力专业教材，教材开发坚持突出产教融合、突出立德树人、突出行动教学和突出评价导向的原则。

本书依据国网公司 2018 年修订完成的供用电技术专业人才培养方案编写。本书以工作过程为导向，依据典型工作任务设置课程情境，围绕岗位工作内容设计理论讲授与实训操作高度融合的任务项目，突出职业教育的教育性与职业性；针对岗位特点，分析岗位知识、技能和态度，按照行动导向教学模式，梳理学习情景和学习任务；强化学习任务的考核，考核标准结合国网公司技能等级评价标准，按照标准操作流程与要求制定，可有效评估学习效果，形成学习闭环。

本书依托行业优势，校企合作，共同开发，在编写过程中经过了广泛调研，融入了当前新政策、新技术，内容突出了专业的实用性和针对性。

全书由长沙电力职业技术学院刘跃群主编并统稿。

本书共分为 6 个情境，其中情境 1 由长沙电力职业技术学院吴春编写、情境 2 及情境 3 任务 3.1 由国网湘潭供电公司李吉也编写，情境 3 任务 3.2 至任务 3.4 由长沙电力职业技术学院刘跃群编写，情境 3 任务 3.5 由国网益阳供电公司周畅编写，情境 4 由国网长沙供电公司高云鹏编写，情境 5 由国网郴州供电公司曾煜编写，情境 6 任务 6.1、任务 6.3 由长沙电力职业技术学院柳芊芊编写，情境 6 任务 6.2 由国网湘潭供电公司王蛟编写。

由于编者水平有限，书中难免有不当之处，恳请读者批评指正。

编　者
2019 年 11 月

目 录

情境 1　抄　表

【情境描述】

本情境分为抄表管理、电能表抄读、抄表异常处理三个学习任务。通过学习,学生可熟悉抄表规范,能够进行抄表段维护、电能表抄读和抄表异常的检查及处理。

【情境目标】

1. 知识目标
(1)掌握抄表段、抄表计划、抄表例日、抄表周期、抄表方式等基本概念。
(2)熟悉抄表工作规范及流程。
(3)熟悉抄表异常情况及其处理方法。
2. 能力目标
(1)能正确建立抄表段并能根据要求调整抄表段。
(2)能正确制订抄表计划并能根据实际情况调整抄表计划。
(3)能按照标准化作业程序抄录用电客户用电量。
(4)能正确复核抄表数据。
(5)能对电能计量装置外观及电能表运行情况进行检查。
(6)能对抄表异常情况进行处理。
3. 态度目标
(1)能主动学习,在完成任务过程中发现问题、分析问题和解决问题。
(2)具有防范抄表投诉风险意识。
(3)能严格遵守抄表规范,按章办事。

任务 1.1　抄表管理

【任务目标】

1. 掌握抄表有关基本概念。
2. 熟悉抄表规范与流程。
3. 能应用 SG186 用电营销业务应用系统进行抄表段维护和调整。

【任务描述】

本任务为在 SG186 用电营销业务应用系统中进行抄表段管理,包括新增抄表段并维护抄表段信息、分配新用户到抄表段并进行抄表员派工。

【相关知识】

抄表管理是指供电企业为了按时完成抄表工作而采取的手段和措施,是电费管理的一个重要环节和前提。

为了方便管理,供电企业将用户按抄表段进行分组,并为每一个抄表段制订抄表计划、分派抄表人员,使抄表人员在规定日期通过手工抄表、抄表机抄表、自动化抄表等多种方式获取电能表示数。同时,为了减少计费差错,需要对抄表示数进行复核,对抄表异常及时处理。在整个抄表管理过程中,还需要对抄表人员、抄表机、自动化抄表、抄表工作量、抄表工作质量、零度户等进行相应管理,以确保抄表工作顺利进行。

1.1.1　抄表管理总体结构

抄表管理包括:抄表段管理、抄表机管理、抄表计划管理、抄表数据准备、抄表机抄表、自动化抄表、手工抄表、抄表数据复核、抄表异常处理、抄表工作量管理、抄表工作质量管理等内容。

抄表管理总体结构如图 1.1.1 所示。

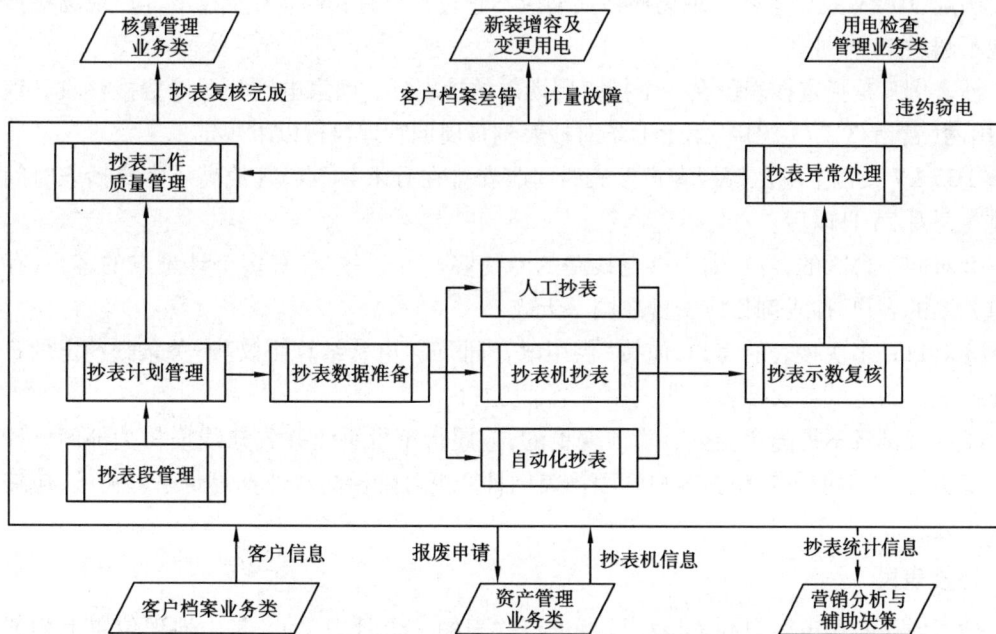

图 1.1.1　抄表管理总体结构

1.1.2　抄表基本概念

供电企业抄表人员定期抄录用户电能计量表计的数据简称抄表,它是电费管理的首要环节。

1)抄表周期和抄表例日

抄表周期是连续两次抄表间隔的时间。国家电网公司电费抄核收管理规则"国网(营销/3)273-2014"第十六条对抄表周期管理执行以下规定:

①抄表周期为每月一次。确需对居民客户实行双月抄表的,应考虑单、双月电量平衡并报省公司营销部批准后执行。

②对用电量较大的客户、临时用电客户、租赁经营客户以及交纳电费信用等级较低的客户,应根据电费回收风险程度,实行每月多次抄表,并按国家有关规定或合同约定实行预收或分次结算电费。

③对高压新装客户应在接电后的当月进行抄表。对在新装接电后当月抄表确有困难的其他客户,应在下一个抄表周期内完成抄表。

④抄表周期变更时,应履行审批手续,并事前告知相关客户。因抄表周期变更对居民阶梯电费计算等带来影响的,应按相关要求处理。

⑤对实行远程自动抄表方式的客户,应定期安排现场核抄,核抄周期由各单位根据实际

需要确定,10 kV 及以上客户现场核抄周期应不超过 6 个月;0.4 kV 及以下客户现场核抄周期应不超过 12 个月。

抄表例日是指定抄表段在一个抄表周期内的抄表日。国家电网公司电费抄核收管理规则"国网(营销/3)273-2014"第十七条对抄表例日周期管理执行以下规定:

①35 kV 及以上电压等级客户抄表时间应安排在月末 24 点,其他高压客户抄表时间应安排在每月 25 日以后。

②对同一台区的客户、同一供电线路的专变客户、同一户号有多个计量点的客户、存在转供关系的客户,抄表例日应安排在同一天。

③对每月多次抄表的客户,应按"供用电合同"或"电费结算协议"有关条款约定的日期安排抄表。约定的各次抄表日期应在一个日历月内。

④抄表例日不得随意变更。确须变更的,应履行审批手续并告知线损相关部门。抄表例日变更时,应事前告知相关客户。因抄表例日变更对阶梯电费计算等带来影响的,应按相关要求处理。

2)抄表段

抄表段是对用电客户和考核计量点进行抄表的一个管理单元,是由地理位置上相邻或相近或同一供电线路的若干客户组成的,也称抄表区、抄表册、抄表本。

依据国家电网公司电费抄核收管理规则,抄表段设置应遵循抄表效率最高的原则,综合考虑客户类型、抄表周期、抄表例日、地理分布、线损管理等因素。

①同一抄表段内的电力客户的抄表周期、抄表例日应相同。

②抄表段一经设置,应相对固定。调整抄表段应不影响相关客户正常的电费计算。新建、调整、注销抄表段,须履行审批手续。

③新装客户应在归档后 3 个工作日内编入抄表段;注销客户应在下一抄表计划发起前撤出抄表段。

3)抄表方式

抄表方式是采集电能计量装置电量信息的方式,主要分为手工抄表、抄表机抄表、低压集中抄表和负控抄表等抄表方式。

①手工抄表:使用抄表卡手工现场抄表。抄表员现场将电能表示数抄录在抄表卡上,回来后录入计算机。

②普通抄表机抄表:抄表员运用抄表微机,在现场手工将电能表示数输入抄表机,回来后通过计算机接口将数据输入计算机。

③红外抄表机抄表:抄表员使用抄表机的红外功能(安装有红外发射和接收装置),在有效距离内,非接触地读取电能表数据,且一次可以接收一块电能表或一个集中器中的若干数据。

④远程集中抄表方式。在客户端安装采集器和集中器,通过采集器和集中器将抄表数据传输到供电公司远程抄表装置主站,由抄表员根据抄表日程安排自动获取客户的抄表数据。

⑤远程(负控)抄表方式。在负荷管理控制中心,通过微波或通信线路实现远程抄表。

1.1.3 抄表段管理

抄表段管理是对抄表段进行新建、属性调整、用户调入调出、用户顺序调整、抄表员调整等进行维护和管理。抄表段管理包括抄表段维护、新户分配抄表段、调整抄表段、抄表顺序调整、抄表派工等。

1)抄表段维护

抄表段维护是指建立抄表段名称、编号、管理单位等抄表段基本信息;建立和调整抄表方式、抄表周期、抄表例日等抄表段属性;对空抄表段进行注销等操作。

(1)新建抄表段

当现有的抄表段不能满足新装客户管理的要求时,需要增加新的抄表段,新建抄表段应定义抄表段名称、编号、管理单位等基本信息以及抄表方式、抄表例日、抄表周期、配电台区等属性,提出新建要求,待审批后确认新建抄表段基本信息和属性。

注意事项:

①新建抄表段应从符合实际工作要求的角度出发。

②需要进行台区线损考核的,同一台区下的多个抄表段的抄表例日必须相同。

③采用手工抄表、抄表机抄表、自动抄表不同抄表方式的客户不可混编在一个抄表段。

④执行两部制电价的客户抄表周期不能大于一个月。

⑤执行功率因数调整电费的客户抄表周期不能大于一个月。

(2)调整抄表段信息

调整抄表段信息,即根据工作需要,对抄表例日、抄表周期、配电台区等提出调整要求,待审批后调整。例如,某抄表段由于计量改造,抄表方式由原来的抄表机抄表改为集中抄表,则应及时在电力营销业务应用系统中调整相应的抄表方式;比如某抄表员现场抄表时发现,某客户位置在1号台区,由于台区号设置错误,该客户被编到了相邻的2号台区,则经批准后应在系统中调整该客户所属的配电台区。

注意:不能调整已生成抄表计划的抄表段信息,确需调整时,在电力营销业务应用系统的抄表计划管理中进行修改。

(3)注销抄表段

对没有抄表客户的抄表段提出注销要求,待审批后注销抄表段。

2)新户分配抄表段

根据新装客户计量装置安装地点所在的管理单位、抄表区域、线路、配电台区以及抄表周期、抄表方式、抄表段的分布范围等资料,为新装客户分配抄表段,及时开始新客户抄表,采用自动化方式抄表的客户也必须分配抄表段。一般情况下,新装客户的抄表段信息在方案勘察阶段已经收集了,在验收阶段确定。

根据新装客户所在管理单位、抄表区域、线路、配电台区、抄表方式、抄表员工作量等条件,对在新装流程中没有预定抄表段的客户新增抄表段。首先考虑系统中是否有合适的抄表段,如果有,选择适当的位置插进新客户;如果没有合适的抄表段,则应新增抄表段。批量新装客户与单户新装分配抄表段环节相似。

确定新装客户抄表段:经现场勘察复核无误后对新装客户抄表段进行确认。

注意事项:应加强对新装客户抄表段的管理,杜绝因未及时分配抄表段造成现场电量积压的情况发生。

3)调整抄表段

调整抄表段是指经审批将用电客户从原来所属的抄表段调整到另一个抄表段。对客户所属抄表段进行调整的目的是使客户所属抄表段更合理。

调整抄表段的原因有:抄表反馈的实际抄表路线不合理、抄表工作量或抄表区域进行了重新划分、抄表方式发生了变更、线路或配电台区有变更等。

注意事项:一个抄表段必须在同一个台区内。

4)抄表顺序调整

抄表顺序是指一个抄表段内所有客户抄表时的先后顺序号,现场抄表时要求按抄表顺序抄表,目的是防止漏抄。抄表员可根据实际地理环境对抄表工作的影响,自己设计合理的抄表路线及抄表顺序,以减少往返的路程,提高工作效率。抄表员在工作中发现抄表路线设计不够合理,应经过审批后,在系统中调整抄表顺序。

5)抄表派工

确定抄表段的抄表人员即抄表派工。抄表派工主要考虑抄表工作量分配的合理性,同时考虑抄表执行情况反馈、抄表人员轮换要求等因素。

1.1.4 抄表计划管理

抄表计划管理是根据抄表段的抄表例日、抄表周期以及抄表人员等信息以抄表段为单位产生抄表计划,经过审批调整抄表计划。

1)制订抄表计划

在每月抄表工作开始前,应由抄表班负责人使用电力营销业务应用系统抄表计划管理功能,根据抄表段的抄表例日、抄表周期以及抄表人员等信息生成抄表计划,经过个别维护后,做好该月的抄表计划。采用负控、集抄方式抄表的客户,应单独设立抄表段,制订抄表计划。

抄表计划生成后,即可按计划进行抄表。对无法完成的,可按规定的流程调整抄表计划。

2）调整抄表计划

当无法按抄表计划进行抄表时,经过审批在系统中对抄表计划中的抄表方式、抄表日期、抄表员等抄表计划属性进行调整,或终止已经生成的计划。

例如:由于灾害性天气、公共假期等原因,临时调整抄表例日;由于人员临时出差调整抄表员;由于集抄、负控终端故障造成区段抄表数据召测失败,临时将抄表方式改为抄表机抄表等。

注意事项:

①客户抄表日期一经确定不得擅自变更,如需调整抄表日期的,必须上报审批。

②抄表日期变更时,应考虑到客户对阶梯电价的敏感性,抄表责任人员必须事前告知客户。

③新装客户的第一次抄表,必须在送电后的一个抄表周期内完成,严禁超周期抄表。

④对每月多次抄表的客户,严格按《供用电合同》条款约定的日期进行抄表。

⑤抄表计划的调整只影响本次的抄表计划,下次此抄表段生成抄表计划时,仍然是按照区段的原始数据形成计划。如果想彻底修改,需要到抄表段管理中进行调整。

1.1.5　抄表数据准备

抄表数据准备是指根据抄表计划和抄表计划的调整内容,获取抄表所需的客户档案数据及未结算处理的客户变更信息,生成所需的抄表数据,为本次抄表采集新的抄表数据以及为下次抄表做准备。

1）客户档案数据

与抄表计费有关的客户档案数据内容主要有客户基本档案信息、客户计量点信息、客户计费信息。其中,以下数据需要抄表员关注,现场进行抄表信息核对:

①客户基本档案信息:用电地址、用电类别、供电电压、负荷性质、合同容量。

②客户计量点信息:综合倍率、互感器电流变比、互感器电压变比。

③客户计费信息:用户电价、电价行业类别、功率因数标准、是否执行峰谷标志等。

2）客户变更信息

除正常抄表外,抄表数据还来源于变更、退补、示数撤回等。

例如,抄表机下装时,电力营销业务应用系统出现"××客户处于变更中"的显示,表示客户正处于用电变更中,选择继续下装,下装的是该客户变更前的档案信息。在计算电费之前,收到该客户变更流程已经结束、信息已归档的通知,可根据客户信息变更的类型,对该户执行档案更新,重新提取档案和提取示数,提取的是变更后的抄表数据及档案信息,之后方可继续下一步的电费计算。

3）抄表数据准备

（1）抄表数据的主要内容。

抄表数据的主要内容有：资产号、客户编号、客户名称、用电地址、电价、陈欠总金额、示数类型、本次示数、上次示数、综合倍率、抄表状态、抄表异常情况、上次抄表日期、本次抄表日期、抄见电量、上月电量、前三月平均电量、电费年月、抄表段编号、抄表顺序、表位数、联系人、联系电话。

红外抄表还应有以下几项数据：红外标志、实际抄表方式、表计对时前日期、表计对时前时间、是否是新装增容户、是否是变更户、资产编号。

（2）抄表数据准备工作的内容和方法。

在生成抄表计划时，系统将根据当前的档案信息，自动生成抄表数据，以提供给抄表员下装抄表。抄表数据准备应在抄表计划日当日及之前完成。抄表数据准备前，应尽可能归档信息变更的客户，确保客户档案信息与现场一致。不允许对销户的用户做数据准备；不允许处理非本单位的数据准备；一次抄表计划对应一次抄表数据准备。

注意事项：

①抄表数据的下装应严格按抄表计划进行，抄表员须按例日进行下装操作。

②下装时应注意核对抄表户数，检查抄表机内下载数据是否正确、完整。

③下装时要做好抄表机与服务器的对时工作。

④下装抄表信息后，应核对抄表下装内容与抄表通知单、催费通知单等内容是否相符。

【任务指导】

表1.1.1　抄表段管理任务指导书

任务名称	抄表段管理	学时	2 课时
任务描述	在 SG186 营销业务应用系统中，按照给定条件，新增抄表段并维护，新户分配到指定抄表段，并进行抄表员派工。		
任务要求	1. 单独完成。 2. 按现场实际情况新建抄表段和调整抄表段。 3. 在规定时间内完成新增或调整抄表段。		
注意事项	1. 新增调整必须严格遵守电力营销规程及其他有关规定。 2. 对新增或调整的项目要认真、仔细。		
任务实施步骤： 1. 风险点辨识 （1）采用手工抄表、抄表机抄表、自动抄表不同抄表方式的客户不可混编在一个抄表段。 （2）不能调整已生成抄表计划的抄表段信息，确需调整时，在电力营销业务应用系统的抄表计划管理中进行修改。			

（3）杜绝因未及时分配抄表段造成现场电量积压的情况发生。

（4）一个抄表段必须在同一个台区内。

（5）防止漏抄。

2.作业前准备

（1）测试电脑，能登录SG186营销业务应用系统。

（2）准备登录SG186营销业务应用系统的工号。

（3）熟悉抄表段新增、维护、新户分配抄表段、抄表员派工等操作。

3.操作步骤

（1）按指定工号登录SG186营销业务应用系统。

（2）选择抄表管理业务类菜单点击进入。

（3）选择抄表段管理业务项菜单点击进入。

（4）选择抄表段维护-新增菜单点击进入，新建抄表段，并输入抄表段名称，选择抄表方式、抄表周期、抄表例日、抄表员、抄表段属性（居民、动力等）、抄表数据、操作人员、线路、台区等信息。

（5）给新户分配抄表段。

（6）选择抄表人员派工申请菜单点击进入。

（7）选择抄表段维护-调整菜单点击进入，选择需调整的抄表段，输入或选择需要调整的抄表方式、抄表周期、抄表例日、抄表员、抄表数据操作人员、核算员、供电单位、配电台区、调整原因等。

4.清理现场

退出SG186营销业务应用系统，整理工单。

表1.1.2　抄表管理操作记录表

实训人员：_____　实训机位：_____

操作时间：_____年_____月_____日_____时—_____年_____月_____日_____时

名称	新建	名称	调整前	调整后
抄表段编号		抄表段编号		
抄表段名称		抄表段名称		
抄表方式		抄表方式		
抄表段属性		抄表段属性		
抄表例日		抄表例日		
抄表周期		抄表周期		
线路		线路		
台区		台区		
抄表员		抄表员		

【任务评价】

表1.1.3　抄表段管理任务评价表

姓　名		班　级		学　号		
开始时间		结束时间		标准分	100分	得分	
任务名称	抄表段管理(抄表段新建、维护,新户分配,抄表员派工)					

序号	步骤名称	质量要求	满分(分)	评分标准	扣分原因	得分
1	作业准备	1.穿工作服。2.网络通畅。	10	1.着装不符合要求扣5分。2.未进行检查扣5分。		
2	抄表段新建	按照指定信息新建一个抄表段。	40	1.未建抄表段扣40分。2.每错误一处扣5分。		
3	抄表段维护	维护指定抄表段信息。	30	1.未维护扣30分。2.维护错误一处扣5分。		
4	新户分配抄表段	将1~5个客户维护到指定的抄表段。	10	1.未分配扣10分。2.分配客户错误一处扣2分。		
5	抄表员派工	将指定的抄表段派工给指定的抄表员。	10	1.未派工扣10分。2.派工错误扣10分。		
教师(签名)			总分(分)			

任务1.2　电能表抄录

【任务目标】

1.掌握抄表主要内容。

2.熟悉抄表工作要求与流程。

3.掌握抄表异常类型及现象。

4.能按标准化作业流程,完成各类客户的现场抄表工作和远程抄表工作。

5.能正确发现抄表过程中的异常,并能正确汇报或处理。

【任务描述】

本任务为完成一般动力客户的抄表工作,包括抄表数据准备、抄表、抄表异常报告,抄表数据录入、复核和提交等内容。要求按照现场抄表作业流程完成一般动力客户的抄表工作。

【相关知识】

1.2.1　抄表主要内容

抄表主要是抄录电能表表码、最大需量值、失压记录数据。

1.2.2　现场抄表

1)现场抄表工作要求

依据国家电网公司电费抄核收管理规则规定,采用现场抄表方式的,抄表员应到达现场,使用抄表卡或抄表机逐户对客户端用电计量装置记录的有关用电计量计费数据进行抄录。现场抄表工作必须遵循电力安全生产工作的相关规定,严禁违章作业。需要到客户门内抄录的,应出示工作证件,遵守客户的出入制度。

①抄表数据(包括抄表客户信息、变更信息、新装客户档案信息等)下装准备工作、抄表机与服务器的对时工作应在抄表前一个工作日或当日出发前完成,并确保数据完整正确。出发前,应认真检查必备的抄表工器具是否完好、齐全。

②抄表时,应认真核对客户电能表箱位、表位、表号、倍率等信息,检查电能计量装置运行是否正常,封印是否完好。对新装及用电变更客户,应核对并确认用电容量、最大需量、电能表参数、互感器参数等信息,做好核对记录。

③发现客户电量异常、违约用电或窃电嫌疑、表计故障、有信息(卡)无表、有表无信息(卡)等异常情况,做好现场记录,提出异常报告并及时上报处理。

④采用抄表机红外抄表方式的,应在现场完成电能表显示数据与红外抄见数据的核对工作。当红外抄见数据与现场不符时,以现场抄见数据为准。

⑤抄表计划不得擅自变更。因特殊情况不能按计划抄表的,应履行审批手续。对高压客户不能按计划抄表的,应事先告知客户。

⑥因客户原因未能如期抄表时,应通知客户待期补抄并按合同约定或有关规定计收电费。抄表员应设法在下一抄表日到来前完成补抄。

⑦抄表人员应在抄表例日当天将抄取的数据录入(或将抄表机中的数据上传)营销信息化系统。

⑧对新装客户应做好抄表例日、电价政策、交费方式、交费期限及欠费停电等相关规定的提示告知工作。

2)现场抄表信息核对

抄表时要认真核对相关数据。对新装或有用电变更的客户,要对其用电容量、最大需量、电能表参数、互感器参数等进行认真核对确认,并有备查记录。抄表时发现异常情况要按规定的程序及时提出异常报告并按职责及时处理。

①核对现场电能表编号、表位数、厂家、户名、地址、户号是否与客户档案一致。

②核对现场电压互感器、电流互感器倍率等相关数据是否与客户档案一致。

③核对变压器的台数、容量;核对最大需量;核对高压电动机的台数、容量。

④核对现场用电类别、电价标准、用电结构比例分摊是否与客户档案相符,有无高电价用电接在低电价线路上,用电性质有无变化。

注意事项:

①应注意客户是否擅自将变压器上的铭牌容量进行涂改,是否去掉变压器上的铭牌或使铭牌上的字迹模糊无法辨认。

②对有多台变压器的大客户,应注意客户变压器运行的启用(停用)情况,与实际结算电费的容量是否相符。

③对有多路电源或备用电源的客户,不论是否启用,每月都应按时抄表,以免遗漏。同时应注意客户有无私自启用冷备用电源的情况。

3)计量装置的运行状态检查

抄表前应对电能计量装置进行初步检查,看表计有无烧毁和损坏现象、分时表时钟显示情况、封印状态、互感器的二次接线是否正确等。如发现异常需记录下来待抄表结束后,填写工作单报告有关部门。必要时应立即电话汇报,并保护现场。具体检查项目包括:

(1)电能计量装置故障现象检查

电能计量装置检查时应注意观察:电能表是否有黑屏、发黄、错误码、接线盒烧损、异常声响、烧毁、较严重变形、明显接线错误、有用电无电量、卡盘、倒走等异常情况;电子电能表脉冲发送、各种指示光标能否显示、分时表的时间、时段、自检信息是否正确;注意电子式电能表液晶故障是否有报警提示,如失压、失流、逆相序、超负荷、电池电量不足、过压等。

电能表液晶显示报警判断:

①失压判断。失压是指在三相(或单相)供电系统中,某相负荷电流大于启动电流,但电压线路的电压低于电能表参比电压的78%时,且持续时间大于1分钟的工况;若三相电压(单相表为单相电压)均低于电能表的临界电压,且负荷电流大于5%额定(基本)电流的工况,称为全失压。断相是指在三相供电系统中,某相出现电压低于电能表的临界电压,同时

负荷电流小于启动电流的工况。在智能电能表液晶显示屏上,有三相实时电压状态指示, U_a、U_b、U_c 分别对应于 A、B、C 相电压,正常情况下"$U_a U_b U_c$"常显示在液晶上,当某相发生失压,则"$U_a U_b U_c$"对应相别闪烁。断相时"$U_a U_b U_c$"对应相别消失。

②失流判断。失流是指在三相供电系统中,三相电压大于电能表的临界电压,三相电流中任一相或两相小于启动电流,且其他相线负荷电流大于5%额定(基本)电流的工况。在智能电能表液晶显示屏上,有三相实时电流状态指示,I_a、I_b、I_c 分别对应于 A、B、C 相电流,电流正常时常显在液晶上。某相失流时,该相对应的字符闪烁;某相电流小于启动电流时则不显示。某相功率反向时,显示该相对应符号前的"－"。

③掉电是三相电压(单相表为单相电压)均低于电能表临界电压,且负荷电流不大于5%额定(基本)电流的工况。

故障类和事件类异常判断:

智能电能表具有监测运行异常的功能,并以异常代码辅助显示。可监测的异常包括电能表故障类异常和事件类异常。电能表故障类异常种类及异常代码见表1.2.1。

表1.2.1　电能表故障类异常种类及对应异常代码

异常名称	异常代码
控制回路错误	Err-01
ESAM 错误	Err-02
时钟电池电压低	Err-04
内部程序错误	Err-05
存储器故障或损坏	Err-06
时钟故障	Err-08

计量装置事件类异常种类及对应异常代码见表1.2.2。

表1.2.2　计量装置事件类异常种类及对应异常代码

异常名称	异常代码
过载	Err-51
电流严重不平衡	Err-52
过压	Err-53
功率因数超限	Err-54
超有功需量报警事件	Err-55
有功电能方向改变(双向计量除外)	Err-56

(2)违约用电、窃电现象检查

①检查封印、锁具等是否正常、完好。应认真检查核对表箱锁、计量装置的封印是否完好,电压互感器熔丝是否熔断,封印和封印线是否正常,有无封印痕迹不清、松动、封印号与

原存档工作单登记不符、启动封印、无铅封的现象,防伪装置有无人为动过的痕迹。

②检查有无私拉乱接现象。

③检查有无拨码现象,注意核对上月电量与本月电量的变化情况。

④查看接线和端钮是否有失压和分流现象,重点是检查电压联片有无摘电压钩现象。

⑤检查是否有绕越电表和外接电源,用钳形表分别测电源侧电流以及负荷侧电流进行比较,也可以开灯试表、拉闸试表。

⑥检查有无相线、中性线反接,表后重复接地的现象。用钳形电流表分别测相线电流、中性线电流以及两电流的相量和(把相线和中性线同时放入钳形电流表内),正常现象是相线电流与中性线电流值相等,相线、中性线同时放入钳形电流表内应显示电流值为零;反之,如果中性线电流大,相线电流很小,相线、中性线同时放入钳形电流表内电流值显示不为零且数值较大,则可确定异常。

(3)异常情况记录

把发现的异常情况或事项应记录在抄表机或异常清单上。

4)抄表机抄表

抄表人员在计划抄表日持抄表机到客户现场抄表,将电能表示数录入抄表机,并记录现场发现的抄表异常情况。

注意事项:抄表前应检查确认抄表机电源情况,避免电力不足丢失数据的情况。

①首先进行抄表信息核对,核对无误后再开始抄表。

②然后进行计量装置的运行状态检查。发现电能表故障,应先按表计示数抄记,并在抄表器的指令栏内注明。

③开机进入抄表程序,根据抄表机的提示,按照抄表顺序或通过查询表号或客户快捷码找到待抄的客户,并将抄见示数逐项录入到抄表机内。

a.抄录电能表示数,照明表抄录到整数位,电力客户表应抄录到的小数位按照本单位规定执行。靠前位数是零时,以"0"填充,不得空缺。

b.出现抄录错误时,应使用删除键删除错误,再录入正确数据。

c.对按最大需量计收基本电费的客户,抄录最大需量时,应按冻结数据抄录,必须抄录总需量及各时段的最大需量,需量指示录入,应为整数及后4位小数。

d.抄录复费率电能表时,除应抄总电量外,还应同步抄录尖、峰、平、谷的电量,并核对尖、峰、平、谷的电量和与总电量是否相符。同时检查尖、峰、平、谷时段及时钟是否正确。注意分时止码之和应该与总表码相符。当出现分时止码之和大于总表码时,很可能是由于表计接线错误造成的。如有问题,应填写工作单交有关人员处理。

e.对实行功率考核客户的无功电量必须和相应的有功表电量同步抄表,否则不能准确核算其功率因数和正确执行功率因数调整电费的增收或减收。

f.有显示反向电能时,必须抄录反向有功、无功示数。

g.必须抄录失压记录。

h.对具备自动冻结电量功能的电能表,应抄录冻结电量数据。

i. 注意总表与分表的电量关系是否正常。

④抄表时如对录入的数据有疑问,应及时进行核对并更正。

⑤抄表过程中,遇到表计安装在客户室内,客户锁门无法抄表时,抄表员应设法与客户取得联系入户抄表,或在抄表周期内另行安排时间补抄。对确实无法抄见的一般居民客户,可参照正常用电情况估算用电量。但必须在抄表机上按下抄表"估抄"键予以注明。允许连续估抄的次数按本单位规定执行。如系经常锁门客户,应向公司建议将客户表计移到室外。

⑥使用抄表机的红外抄表功能抄表:通过查询表号或客户号定位后,选择红外抄表功能,近距离对准被抄电能表扫描,即能抄录所有抄表数据。

⑦对具备红外线录入数据功能的抄表机抄表,除发生数据读取异常外,不应采用手工方式录入数据,同时应在现场完成电能表计度器显示数据与红外抄见数据的核对和电能表对时工作。

⑧现场抄表结束时,应使用抄表机查询功能认真查询是否有漏抄客户,如有漏抄应及时进行补抄。

5)手工抄表

抄表人员按抄表周期在抄表例日持抄表卡到客户现场准确抄表。核对抄表信息以及检查计量装置运行状态之后,记录抄见示数,并记录现场发现的抄表异常情况。

①按电能表有效位数全部抄录电能表示度数,靠前位数是零时,以"0"填充,不得空缺且必须上下位数对齐。

②抄表卡应保持整洁、完整,必须用蓝黑色墨水或碳素笔填写,禁止使用铅笔或圆珠笔。出现抄录错误时,应划双横线删除,在删除数据上方再填写正确数据,并签字盖章。

其他手工抄表的工作要求与抄表机相同。

1.2.3 远程抄表

远程抄表方式是自动化抄表方式,自动遥抄客户端电能表并记录数据。自动化抄表技术包括本地自动抄表技术、远程自动抄表(集中抄表)技术以及通过电力负荷管理系统远方抄表技术。

1)远程抄表工作要求

国家电网公司电费抄核收管理规则规定:采用远程自动抄表方式的,应将原抄表流程中抄表计划制定、抄表数据准备、远程抄表等环节优化为系统自动实现。

①远程抄表前,应监控远程自动抄表流程状况、数据获取情况,对远程自动抄表失败、抄表数据异常的,应立即进行消缺处理。

②在采用远程自动抄表方式后的前三个抄表周期内,应每个周期进行现场核对抄表。发现数据异常,立即处理。

③正常运行后,对连续 3 个抄表周期出现抄表数据为零度的客户,应抽取一定比例进行现场核实。其中,10 kV 及以上客户应全部进行现场核实。0.4 kV 非居民客户应抽取不少于 80% 的客户,居民客户应抽取不少于 20% 的客户。

④当抄表例日无法正确抄录数据时,应在抄表当日安排现场补抄,并立即进行消缺处理。

⑤对远程自动抄表异常客户现场核抄时,如现场抄见读数与远程获取读数不一致,以现场抄见读数为准。

2)电能信息数据采集示例

集中抄表系统主要完成抄表数据的自动采集,同时能够利用自动化抄表系统的采集数据,对现场采集对象的运行状态进行监督管理。

某供电公司采用低压电力线载波集抄系统自动抄表,抄表例日前分别遥抄多份数据以作备份,抄表例日当天再抄读例日数据,可以根据需要来设定自动抄表或人工集抄。

①进入集抄系统,选择台区,连接到该台区的集中器。

②进入该集中器,口令检测成功后,表示主站与集中器已连接上。

③选择远程抄读方式,如例日抄读,读取集中器数据并保存。

④对抄表失败的表计,再次进行抄表操作。

⑤打印再次抄表失败的客户清单和零电量客户清单(表号、地址等),通知抄表员当日补抄,现场核实,查明故障原因。

⑥抄表完毕,退出。

⑦全部抄完之后,进行集中抄表数据回读操作,从中间库中将集抄系统上传来的抄表数据回读到营销系统。

1.2.4 抄表数据复核

现场抄表机抄表完毕时,抄表员要运用抄表机的复核功能对抄表数据进行初步复核,核对抄见示数和抄见电量,检查各项内容有无漏抄、误抄等现象,发现抄表数据录入差错及时修正,无误后上传抄表数据。上装后应利用电力营销业务应用系统对抄表数据进行复核,人工选择各种复核条件,由系统自动进行复核并显示复核结果。

抄表数据复核的重点内容主要有:

①尖峰平谷电量之和大于总电量的。

②本月示数小于上月示数的。

③零电量、电表循环、未抄、有协议电量或修改过示数的。

④抄表自动带回的异常:反转、估抄等。

⑤与同期或历史数据比较进行查看:指定 N 个月(一般用前 3 个月的)平均电量做比较,核对电量突增突减的客户。

⑥按电量范围进行查看:指定电量范围,查看客户数据是否正确。

⑦连续 3 个月估抄或连续 3 个月划零的。

由系统复核检测出来的客户异常电量、电量突变等异常情况,要填写打印电量异常信息清单,提交有关人员重新到现场进行抄表核实。再次抄回的表示数经确认正确后,履行相关手续进行电量更正,方可做发行处理。

对抄表员现场核实抄表数据后仍有疑问的其他抄表异常,应发起相关处理流程。

对采用负控抄表和集抄方式抄表的客户,经复核后如发现数据异常,应安排抄表员到现场核对数据,如确认是计量装置或通信线路故障的,应发起相关处理流程。

负控抄表和集抄方式抄表应定期(至少 3 个月内)组织有关人员进行现场实抄,对远抄数据与客户端电能表记录数据进行一次校核。

【任务指导】

表 1.2.3　现场抄读一般动力客户电能表任务指导书

任务名称	现场抄读一般动力客户电能表	学时	2 课时
任务描述	依据抄表例日,完成某动力客户的抄表工作。按照标准化作业流程和要求,在规定时间内完成抄表、数据录入、异常判断及处理工作。		
任务要求	1. 单独完成; 2. 按标准化作业指导书流程和要求进行; 3. 现场抄表要认真、仔细,抄录完成后要进行核对。		
注意事项	现场作业必须遵循电力安全生产工作的相关规定,严禁违章作业。		

任务实施步骤:

1. 风险点辨识

(1)严格按抄表例日进行抄表。

(2)不准代抄、估抄。

(3)按抄表本目录抄表,抄录数据要按规定进行核对,防止漏抄、错抄。

(4)按规定抄录失压数据。

(5)对抄表过程中发现的异常情况要进行分析与报告。

(6)按规定时间提交抄表段(本)。

(7)对电费核算反馈的异常工单要认真核实处理。

续表

2. 作业前准备
(1) 工器具资料准备：抄表机(抄表卡)、专用记事簿、黑色或蓝色钢笔或中性笔、手电筒、试电笔、抄表核对卡(电费催收通知单)等；并检查手电筒、试电笔是否正常，抄表核对卡(电费催收通知单)是否准备充足，装入抄表专用工具袋，防止丢失。
(2) 根据抄表段(本)的抄表例日，于当日或前一日领取抄表机或抄表本，检查抄表机是否正常、电池是否充足或抄表本内抄表卡户数与目录户数是否一致。
(3) 应在抄表例日当日或前一日在系统中制订抄表计划和数据准备。
(4) 抄表机(抄表卡)检查核对。
3. 操作步骤
抄表前准备→计量装置的现场检查、核对→现场数据抄录→异常记录→抄表数据录入系统→抄表数据复核→异常报告→提交抄表数据→异常核实处理反馈→归还抄表本(机)。
4. 清理现场
整理工具。

【任务评价】

表 1.2.4　抄表任务评价表

姓名		班级		学　号		
开始时间		结束时间		标准分	100 分	得分	
任务名称		现场抄读一般动力客户的电能表				

序号	步骤名称	质量要求	满分(分)	评 分 标 准	扣分原因	得分
1	抄表准备	1. 工器具资料准备：专用记事簿(工单)、黑色或蓝色钢笔或中性笔、红色修改笔、手电筒、试电笔等；并检查手电筒、试电笔是否正常，装入抄表专用工具袋，防止丢失； 2. 着装按规定要求，精神饱满。	10	1. 工器具资料准备不完整每项扣 1 分； 2. 未按规定着装或精神不饱满扣 2~4 分。		

续表

序号	步骤名称	质量要求	满分(分)	评分标准	扣分原因	得分
2	现场抄表	1. 核对客户编号、户名、用电容量及用电性质等信息; 2. 核对表箱、电能表编号、互感器变比等信息; 3. 对计量装置封印,计量装置的运行、失压及报警灯指示灯等情况进行检查; 4. 对抄表过程中发现的异常情况在抄卡上做好记录; 5. 严格按抄表例日进行抄表; 6. 正确抄录电能表数据,对具有按例日冻结功能的电能表,应抄录冻结表码数据(有功、无功总表码,各时段有功表码,总的最大需量、各时段最大需量)和当前的失压记录数据等; 7. 现场文明礼貌。	45	1. 未检查核对每项扣2分; 2. 每少记录一个异常扣2分; 3. 未按例日抄表扣4分; 4. 漏、错抄,每个扣2分,最多扣15分; 5. 表码誊写错误,未按规定修改的,每处扣1分; 6. 有不文明用语,每次扣2分;有不文明行为,每次扣2分。		
3	抄表数据录入系统	1. 应及时将抄回的抄表数据转录到系统中,并进行核对,检查系统中抄表状态是否为已抄; 2. 按规定提交抄表段,对发现的异常填写《抄表异常情况报告单》并打印提交。	45	1. 漏、错录,每个扣2分,最多扣12分; 2. 未按规定提交至抄表复核、电费计算环节分别扣3分、2分; 3. 异常每少记录1项扣3分; 4. 记录不准确完整酌情扣分,多填的、异常明显失真的酌情扣分。		
教师(签名)			总分(分)			

任务 1.3　抄表异常处理

【任务目标】

1. 熟悉抄表异常类型。
2. 掌握抄表异常情况的处理方法。
3. 能分析抄表异常信息并按业务流程处理。

【任务描述】

本任务为抄表异常信息分析并按流程在营销业务应用系统进行处理。

【相关知识】

1.3.1　抄表异常分类

抄表异常可分为计量装置故障、违约用电与窃电、电量差错和档案差错。

1）计量装置故障

电能计量装置故障是指各类电能表、电流互感器、电压互感器以及相连接的二次回路等出现故障,造成电能计量装置不能准确计量。

2）违约用电、窃电

违约用电行为是指危害供用电安全、扰乱正常供用电秩序的行为。

窃电行为是指以非法占用电能为目的,采用秘密手段实施的不计或者少计电量的用电行为。

3）电量差错

①估抄、错抄、漏抄造成抄表电量与实际情况不符。

②计量装置有异常情况,未及时处理,造成电量、电费多收、少收。

③换表时错记、漏记电能表底数而造成电量、电费多收、少收。

④未按规定业务流程及时传递工作单及相关资料,造成电量计收错误。

⑤其他原因造成的电量电费差错。

4)档案差错

由于工作人员失误造成档案资料出现差错,造成电量电费计收错误或无法计收。

①客户档案资料未建立或档案资料不健全,例如现场有表无档案。

②现场情况与档案不符,例如现场户名、表型、表号及倍率与档案(抄表机)上所显示的不符。

③用电业务变更后档案修改不及时。

④其他原因造成的档案差错。

1.3.2　抄表异常处理

抄表时发现异常情况要按规定的程序及时提出异常报告,填写工作单并按职责及时分类启动处理流程,转相关部门按规定的职责处理。例如,抄表员发现表计故障,应填写事故换表申请单,发起换表流程。

1)客户用电性质、用电结构、受电容量等发生变化的处理

如发现客户用电性质、用电结构、受电容量等发生变化时应及时传递业务工作单,启动相关流程进行处理,并通知客户办理有关手续。

2)电量异常时的处理

(1)用电量出现突增、突减超过30%

发现客户用电量出现突增、突减超过30%时,应核对抄录示数、倍率是否正确,对电量进行复算,并检查计量装置是否发生故障,防止因错抄而错计电量,并且要进一步查对客户变电站运行记录,了解客户的生产情况查明原因,客户有无非正当用电手段等。如属客户用非正常手段用电,应保护现场和证据,及时报告公司有关人员进行处理;如表计有故障,则应根据故障性质在抄表机上异常设置中选择对应的故障类别,填写工作单报告处理并根据规定退补电量。

(2)零电量户

零电量户一般是指在某个抄表周期内抄见电量为零的客户。

产生零电量户的原因主要有:①客户原因连续几个月不用电,如居民住宅长期不居住,企业政策性关停、季节性用电客户等,同时客户也未到供电企业办理中止供电手续,造成抄表员仍然按正常抄表计划抄表形成的零电量客户。②漏抄。主要是指新装或改变用电地址后的电力客户,由于抄表信息未及时更新或抄表员疏忽大意漏抄所致。③贸易结算用电能表故障,停走或损坏,无法正常记录电量。

零电量客户的处理方法：①对于长期不居住、季节性客户或政策性关停形成的零电量户,抄表员应积极与客户取得联系,协调客户到供电部门办理暂停或终止供电手续;如因客户原因连续 6 个月未能正常抄表,应按照《供电营业规则》相关规定,通知客户终止供电;待重新用电时,按新装办理。②因漏抄形成的零电量户,因核实清楚后,积极与客户协调及时补抄,并按规定追补电量。③因电能表故障引起的零电量,则启动相关流程进行故障换表并追补电量。

对用电量较小的专变客户和连续 6 个月电量为零的客户,应查明原因,发现异常应填写工作单报告给相关部门。

(3)抄表过程中发现窃电时的处理

现场抄表发现窃电现象时,抄表员应在抄表机中键入异常代码做好记录,不得自行处理,应不惊动客户并保护现场,可以先用手机现场拍照收集证据,及时与公司用电检查人员或班组联系,等公司有关人员到达现场取证后,方可离开。

(4)抄表过程中发现客户违约用电时的处理

现场抄表,发现封印脱落、表位移动、高价低接、用电性质变化等违约用电现象时,应在抄表微机中键入异常代码,抄表员现场不得自行处理,并不惊动客户,应及时与用电检查人员联系或回公司后填写违约用电工作单交相关班组或人员处理。

(5)抄表时发现计量装置故障时的处理

抄表员在抄表时发现计量装置故障后,首先在现场分析了解,设法取得故障发生的时间和原因,如客户的值班记录,客户上次抄表后至今的生产情况,客户有无私自增容的情况。其次,将计量装置的故障情况及相关数据记录下来,如电能表当时的示数、负荷情况、客户生产班次及休息情况等,回公司后及时传递业务工作单,启动相关流程进行处理。

对于能确认表计故障(如停走、过载烧坏)的一般居民客户,本月抄见电量按各公司规定处理(如零电量、根据上月用电量或前 3 个月平均电量与客户协议电量等),并启动相关流程进行处理。

采用自动化抄表方式抄表发现数据异常时,应安排抄表员到现场核对数据。若确定采集数据不正确,则通知相关装置维护部门查找原因做出相应处理。

(6)抄表时发现表号不符或电能表遗失时的处理

现场抄表,发现表号不符或有表无档案时(如黑户、漏编错编抄表区段的移表客户、新装客户)时,应核对是否为供电公司的电能表,如果客户私自换表,应立即通知公司派员到现场进行处理;若是供电公司的电能表,应在抄表微机中键入异常代码,录入电能表的示数,并做好表号等记录,回公司后填写工作传票,交相关班组处理。

现场抄表发现失表时,应在抄表微机中键入异常代码,录入上一个抄表周期的电量,并做好相应的记录,回公司后填写工作单,交相关班组处理。

抄表员在抄表现场发现抄表机内无抄表信息但实际在装的电能表(黑户)时,应在机外记录在装电能表的局号、户号及电能表内记录的各项数据,回单位后汇报主管领导进行处理。

对抄表信息不一致的情况均要记录异常情况报告有关部门。防止发生档案建错、漏建档案及丢户、丢量的发生。

（7）抄表时发现客户移表时的处理

抄表时发现客户表计（即电能表）移位后，先向客户查询是否办理有关手续，并做好记录。抄表员回公司后，应核对客户移表有关手续。如是私自移表，应填写工作传票，启动相关流程进行处理。

（8）抄表时发现其他情况时的处理

①现场发现客户有影响抄表工作行为时的处理。现场发现客户有堆放物品、占用表位、阻塞抄表路径等影响正常抄表工作的行为，应立即向客户指出，并要求其立即进行整改，恢复原样。如客户拒不整改，应及时向公司反映，由公司派专人进行处理。

②客户怀疑表不准时的处理。抄表时如果客户怀疑表不准，应耐心解答客户提出的问题，请客户申请验表并介绍相关政策规定。根据《供电营业规则》第七十九条规定，客户认为供电企业装设的计费电能表不准时，有权向供电企业提出校验申请，在客户交付验表费后，供电企业应在 7 天内校验，并将校验结果通知客户。如计费电能表的误差在允许范围内，验表费不退；如计费电能表的误差超出允许范围时，除退还验表费外，并应按规定退补电费。客户对检验结果有异议时，可向供电企业上级计量鉴定机构申请鉴定。客户在申请验表期间，其电费仍应按期交纳，验表结果确认后，再行退补电费。

【任务指导】

表 1.3.1　现场抄表异常处理任务指导书

任务名称	现场抄表异常处理		学时	2 课时
任务描述	依据现场抄表异常记录，手工填写抄表异常清单，并在营销业务应用系统中进行抄表异常处理。			
任务要求	1. 分组完成； 2. 按规定流程和要求进行。			
注意事项	1. 抄表时发现异常情况要按规定的程序及时提出异常报告并按职责及时处理； 2. 异常报告必须填写的内容，如果内容为空就不允许发送。			

任务实施步骤：

1. 风险点辨识

（1）异常处理类型选择正确。

（2）对现场手工抄表填写工作单所反映的异常内容进行分析，也可现场核查对问题进一步分析，根据问题分类，发起相应处理流程。

续表

(3)履行异常审核。
2.作业前准备
(1)抄表异常报告单。
(2)以抄表员身份登录电脑的营销业务应用系统。
3.操作步骤
(1)手工填写抄表异常工单。
(2)在营销业务应用系统中,依次选择菜单"抄表管理"→"抄表异常处理"→"抄表异常处理",打开"抄表异常处理"界面。
(3)根据手工填写的抄表异常记录,单击"增加",进入抄表异常处理增加界面,输入客户编号,查询客户信息(客户编号、客户名称、用电地址),以及该用电客户的电能表信息(资产编号),勾选此客户单击"确定",输入客户编号、异常情况、发现日期、报告人员,单击"保存"。
(4)在抄表异常处理界面按供电单位、抄表员、抄表段编号查询未处理的抄表异常清单。
(5)在增加的异常工单中异常分类下可选择计量装置故障、违约用电、窃电处理、抄表差错、档案错误,保存异常分类。
(6)选择异常记录,单击"发送工单",弹出"抄表异常工单处理"界面。根据所掌握情况输入异常分类、抄表异常类别、异常说明、异常处理类型、发送角色等信息,单击"发送工单"发送至"抄表异常处理完成"环节(异常处理类型中可选择计量装置故障处理、违约用电、窃电处理、电费退补管理、档案变更),该环节处理完成,进入审核环节。
(7)异常处理人员在待办任务中查询处于"抄表异常处理完成"环节的抄表异常工单,签收进入"抄表异常处理完成"界面,若该异常已处理,则单击"完成",结束抄表异常处理流程。
4.清理现场
整理资料,关闭电脑。

【任务评价】

表1.3.2　现场抄表异常处理任务评价表

姓名		班级		学　号			
开始时间		结束时间		标准分	100分	得分	
任务名称			现场抄表异常处理				
序号	步骤名称	质量要求	满分(分)	评分标准		扣分原因	得分
1	手工填写抄表异常工单	异常表计的信息、异常情况填写完整、齐全。	30	1.异常表计信息填写不完整,每处扣4分; 2.异常情况记录不完整,每处扣5~10分。			

续表

序号	步骤名称	质量要求	满分(分)	评分标准	扣分原因	得分
2	进入营销业务应用系统"抄表异常处理"界面	正确登录系统,顺利进入"抄表异常处理"界面。	10	不能正确登录的全扣,不能正确进入异常处理界面的扣5分。		
3	进入并完成"抄表异常工单处理"	在抄表异常工单处理界面正确输入异常分类、抄表异常类别、异常说明、异常处理类型、发送角色等内容。	45	异常分类错误,扣10分,其他错误每处扣5分。		
4	异常审核	履行审批手续。	5	未履行全扣。		
5	完成结束	单击"抄表异常处理完成",结束抄表异常处理流程,关闭电脑,整理桌面。	10	未完成扣5分,未整理桌面扣5分。		
教师(签名)			总分(分)			

【情境总结】

电量抄读是通过现场或远程抄录电能表示数,是进行电费核算的前提和关键环节。本情景分为抄表管理、电能表抄录、抄表异常处理三个学习任务,要求熟悉抄表例日、抄表周期等基本概念,熟悉抄表管理内容及规范,能进行现场或远程抄表并对抄表异常进行处理。

【思考与练习】

1. 什么是抄表例日?
2. 抄表周期有哪些规定?
3. 目前抄表方式有哪几种?
4. 抄表段管理主要包括哪些工作内容?
5. 哪些用户可以每月多次抄表?
6. 实行远程自动抄表方式的客户,定期安排现场核抄周期有何规定?

7. 抄表主要内容有哪些?

8. 对高压新装用户的首次抄表有何规定?

9. 抄表员在抄表前应做哪些准备工作?

10. 抄表数据复核的主要内容有哪些?

11. 远程抄表有哪些工作要求?

12. 抄表异常有哪些类型?

13. 产生零电量户的原因有哪些? 如何处理?

14. 抄表时如果客户怀疑电表不准应如何处理?

15. 抄表时发现计量装置故障应如何处理?

情境 2　电价执行

【情境描述】

本情境包括电价制度认知、销售电价分类及其实施范围,要求能熟悉现行电价制度和销售电价类别,能依据客户用电负荷情况正确判断客户应执行的电价制度及目录电价。

【情境目标】

1. 知识目标

(1)了解制定电价的原则及电价管理规定,了解影响电价的因素。

(2)掌握现行电价制度及其实施范围。

(3)掌握现行销售电价分类及其实施范围。

(4)了解输配电价有关概念及规定。

2. 能力目标

(1)能正确判断各类客户应执行的电价制度及目录电价。

(2)能正确回答客户有关电价政策方面的咨询。

3. 态度目标

(1)能主动学习,善于发现问题、分析问题和解决问题。

(2)养成严谨细致、一丝不苟的工作态度。

(3)严格遵守电价政策,按章办事。

任务 2.1　电价制度认知

【任务目标】

1. 清楚电价的构成,电价管理原则。
2. 能知晓现行执行的电价制度及其范围。
3. 能正确判断客户应执行哪种电价制度。

【任务描述】

某一机械厂,由 10 kV 供电,受电变压器容量为 250 kV·A,厂区内有路灯、职工宿舍,沿街有几间门面房,开了小饭店、小零售商店。请受理该客户有关电价的咨询。

【相关知识】

2.1.1　电价的基本概念

1)电价的定义

电能是一种特殊商品,它的产、供、销在同一时刻完成。电价是电能价值的货币表现,是电力商品价格的总称。电价由电能生产成本、税金和利润构成,即

$$P = C + V + M = 电能成本 + 盈利(包括利润和税金)$$

式中　P——电价;

　　　C——可变成本;

　　　V——固定成本;

　　　M——盈利。

它反映了国家、企业和用户的经济关系,也反映国家对电价的支持和限制关系。

2)电价的作用

电价对电力商品的生产、供应、使用各方面都具有不同的作用,对电力企业,电价是获取

资金以维持简单再生产和扩大再生产的手段。此外,电价水平的高低在很大程度上影响着电力事业的发展程度,从而影响着国民经济的发展。对于电力使用者,电价则意味着他们使用电力时的支付负担或取得电力使用价值时所付出的代价,电价的高低决定着负担程度的大小。

合理的电价有利于优化产业结构、促进国民经济发展;利用电价差异对行业进行优惠,有利于电力企业加强经营管理;合理的电价有利于用户合理用电;合理的电价是电力企业向用户收费的依据。

2.1.2　电价的管理

根据《销售电价管理暂行办法》[发改价格(2005)514 号]的规定,我国销售电价实行政府定价,统一政策,分级管理;严格按照政府有关主管部门的电价调整文件执行;对电价标准的历史信息进行管理;严格按照电价调整文件中电价执行日期和内容进行调整和审核;电价标准修改要有严格的管理权限,并有操作记录备查;电价标准由网省公司统一管理。

电力法规定,任何单位不得超越电价管理权限制定电价。分类电价标准和分时电价办法由国务院确定。

2.1.3　电价制定

1)制定电价的基本原则

《中华人民共和国电力法》中对制定电价的基本原则作出明确规定:

(1)合理补偿成本

电价必须能补偿电力生产全过程和电力流通全过程的成本费用支出(包括发电成本、输电成本、配电成本和售电成本),以保证电力企业的正常运营。

(2)合理确定收益

电价既要保证电力企业及其投资者的合理收益,有利于电力事业的发展,又要避免电价中利润过高,损害电力客户的利益。

(3)依法计入税金

电价中应计入电力企业按照我国税法允许纳入电价的税种税款,其他税款不应计入电价。

(4)坚持公平负担

制定电价时,要从电力公用性和发电、供电、用电的特殊性出发,考虑各类电力客户的不同特性,使各类电力客户公平负担电力成本。

（5）促进电力建设

应通过科学合理地制定电价，促进电力资源的优化配置，保证电力企业的正常生产，并使电力企业具有一定的自我发展能力，推动电力事业走向良性循环发展的道路。

2）电价的制定

电价由国家统一制定，电价的制定和修改必须经过相应的审批程序。在电价制定和调整过程中应本着节约能源和公平合理的原则，在总成本不变和保证一定资金利润水平的前提下，注意电价结构等主要因素，认真进行比较、测算和综合平衡，制定出不同用电类别的电价调整方案。电价调整方案需报国家有权部门核准后方可执行，任何单位不得超越电价管理权限制定电价，任何电力企业也不得擅自变更电价。我国电价的管理权限在国家发改委，各地及有关部门必须严格按国家的电价政策执行。不得以任何方式提高或降低电价标准，也不得擅自在价外向用户收取未经国家和省批准的费用，如用电负荷认购费、购买用电权、电煤差价等，以维护国家电价政策的严肃性。

3）制定电价的步骤

（1）准备工作

准备工作包括收集各类用户用电量和负荷资料，研究电价政策，研究国家有关价格、税率和利润率的规定，研究有关电价的其他资料。

（2）分析电力成本费用

若成本按照费用的发生阶段来分析，大致分为下列各项费用：

①发电费用。凡发电厂内一切与发电有关的费用均包括在内，发电厂为其输出电力而设置的升压设备所耗用的费用也包括在内。在一般情况下，从发电厂外的第一基杆塔开始，即为供电部门所有，由供电部门负责维护运行，这类设备的有关费用应由供电部门承担。

②输变电费用。凡为供电所需要的，不论属于哪一级电压的输电线路，以及分成多级变压器的变电所，如220 kV、110 kV或35 kV的输变电设备所发生的费用，均为输变电费用。

③配电费用。包括10 kV及以下的配电设施，如开关站及小区配电室等的各种费用。在配电费用中又分成一次、二次配电费用。10 kV供电者不仅包括一次配电线路及配电变压器，还包括380 V或220 V等低压线路的有关费用。

④用户费用。包括接户线、电能表及其附属装置，如电压、电流互感器等有关费用。

⑤管理费用。包括电力企业各项管理费用，如行政管理费、劳动保护开支、利息支付、各种赔偿金、罚金、材料损耗、营业开支、科学研究、税金以及其他各项非生产费用等。

考虑到电力企业的特点，国家对电力产品成本按发电成本、供电成本、售电成本分别进行核算。

成本按照费用的发生性质来分析，可分为固定成本和变动成本两部分：

①固定成本代表电力企业中的固定费用部分，它与电力企业设备容量大小有关，而与电力生产量大小无关。

②变动成本代表电力企业中的变动费用部分，它与电力生产量的大小有关，而与电力企业设备容量大小无关。

（3）固定费用分配

固定费用的分配方法大致上有两种：一种叫用户最大需量法；另一种叫电力系统高峰负荷分配法。

①用户最大需量法是直接以用户的绝对最大负荷需量（kW）为依据来分配固定费用，不考虑最大需量发生的时间，完全不参加系统高峰时间用电的用户也要负担固定费用。这种方法忽视了构成电力系统综合最大负荷时各类用户的责任，因此不太公平。

②电力系统高峰负荷分配法是在电力系统高峰负荷时间内，按照各类用电负荷大小分配电力系统的固定费用。这种办法计算简单，比较合理，占用电力系统容量多的用户多分担固定费用，反之则少分担费用，使电价与调整负荷和压低电力系统最高负荷有机地联系起来。

（4）变动费用分配

根据已确定的电价分类进行变动费用的分配，分配的方法是根据各类用户的用电量加上各级各类用电的线路损失，求得各类用电所需的实用电量，然后按照各类用电的实需用电量所占比例分配变动费用。

（5）确定售电成本

各类用电的售电成本等于经以上分配而得的该类用电的固定费用和变动费用之和。

（6）确定用电电价

对各类用电的售电成本适当调整以后，加上计划利润和税金，并根据政策的要求以及应考虑的个别因素，就可以确定各类用电的电价方案。

2.1.4　影响电价的因素

1）需求关系对电价的影响

需求是指在其他条件相同的情况下，在某一特定的时期内，消费者在有关的价格下，愿意并有能力购买某一商品或劳务的各种计划数量。影响需求的因素很多，其主要决定因素包括：消费者个人收入或财富（包括信贷途径），其他竞争产品或相关产品的价格，消费者的嗜好与偏爱等。电能是一种比较紧缺的商品，制定电价时一方面要以价值为基础；另一方面要适当地反映电能的供求关系，必须处理好电价与需求的关系，使电价水平公平合理。

2）自然资源影响

我国的能源资源丰富，但分布极不平衡，能源最丰富的地区是华北地区，其能源资源储量约占全国能源总储量的47%。我国的煤炭资源主要分布在山西；其次是西南地区，能源资源储量约占全国能源总储量的27%，其中大部分是水力资源，约占全国能源总储量的20%；华东、东北和中南三个地区的能源资源储量之和仅占全国能源总储量的15%，能源比较贫乏。我国的能源分布不均，造成了各地区电网的平均成本参差不齐，差异很大。这就不能按照部门平均成本制定统一电价，而应根据电网平均成本制定地区差价。

3) 时间因素的影响

发电、供电、用电是在同一时间完成的,这一过程中任何一个环节发生故障都将影响电能的生产和供应。因此,为保证客户的正常用电,电力生产必须连续进行,但电力负荷是随时在不断变化的,特别是昼夜的交替变化,必然引起电力负荷波动。峰谷差越大,电网平均成本随时间的波动就越大。按照公平合理的原则,并考虑到调整系统负荷的需要,制定电价时应考虑时间因素的影响,即应制定峰谷电价和其他分时电价。

4) 季节因素的影响

水电比例较大的电网,应考虑季节变化的影响。为了充分利用水力资源,在丰水季节,电网应尽可能安排水电厂多发电,即让水电带基本负荷,而火电则作为补充电量进行调峰,这样电网平均成本就会降低;在枯水季节,电网主要靠火电厂发电,电网平均成本相应地会增高,因此应制定季节性电价。

5) 其他政策性因素的影响

国家在不同时期有着不同的经济政策,这些政策也会影响价格的制定与形成。为贯彻国家对部分工业产品(如电解、电石等)生产采取的扶持政策,以及对于农村农业生产的扶持政策,国家还分别制定了各种优待电价,以提高这些生产部门的积极性。

同一电网中不同用户电价可能不同。因为电力企业间各类用户供电的成本不同,用户的用电时间等对系统负荷的影响不同,所以不同用户以及同类用户不同的用电时间的电价有所差别。主要表现在以下两个方面:

①不同类别用户之间由于用电负荷特性不同,电价不同;

②同类用户之间由于用电时间、受电电压等级等不同,电价不同。

2.1.5 我国现行的电价制度

电价制度是指一个国家确保本国合理制定与正确执行电价标准的一系列规定和章程的总称。现行电价制度是由电价种类、计价方式、电压等级等内容组成,并且对不同性质的用电规定不同的价格。我国现行电价的计价方式主要规定有:单一制电价、两部制电价、分时电价、功率因数调整电费等。

1) 单一制电价制度

(1) 含义

单一制电价制度是以在用户安装的电能表计每月计算出的实际用电量为计费依据的一种电价制度,又称电度电价。实行单一制电价的用户,每月应付的电费与其设备和用电时间均不发生关系,仅以实际用电量计算电费,用电多与少均是一个单价。

(2) 适用范围

我国销售电价类别中除变压器容量在 315 kV·A 及以上的大工业用户外,其他所有用电均执行单一制电价制度。

（3）优缺点

单一制电价制度可促使用户节约电能，并且抄表、计费简单。

2）两部制电价制度

（1）含义

两部制电价是将电价分成基本电价和电度电价两部分。基本电价代表电力企业成本中的容量成本，即固定费用部分，是按用户的最大需量（kW）或用户运行设备的最大容量（kV·A）来计算，与实际用电量无关；电度电价代表电力企业中的电能成本，在计算电度电费时按用户每月记录的实际用电量计算电费。

（2）适用范围

目前，我国一般对大工业用电，即受电变压器总容量为 315 kV·A 及以上的工业生产用电实施两部制电价制度。

（3）优越性

两部制电价制度是各国普遍应用的一种先进的电价制度，其优越性主要体现在：

①可发挥价格经济杠杆作用，促使客户提高设备的利用率，减少不必要的设备容量，降低尖峰负荷，提高设备负荷率，使电网负荷率相应提高，提高系统的供电能力。

②可使客户合理负担电力生产的固定成本费用，保证电力企业财政收入。因电能的发供用是一致性的，不论客户是否用电或用多少，电力企业为了满足客户随时用电的需要，必须经常准备一定的供电设备容量，为此需要支付一定的容量成本费用，这部分固定费用由客户分担是合理的。

3）峰谷分时电价制度

峰谷分时电价是指将一天 24 小时分成四个时段（尖峰、高峰、平段、低谷）或三个时段（高峰、平段、低谷），每个时段实行不同价格水平。

实行峰谷分时电价的目的是进一步发挥价格的经济杠杆作用，引导和鼓励客户移峰填谷，降低电网峰谷负荷差，缓解高峰负荷期间电力供需矛盾，使有限的电力资源发挥更大的社会效益。通常以各个地区季节性特点和电网负荷变化情况，确定各时段时间。

（1）峰谷分时电价时段的划分

依据《湖南省峰谷分时电价及丰枯季节电价实施办法》（湘价重〔2004〕90 号附件），湖南省峰谷分时电价的时段划分为四时段：

平段 7:00—8:00　11:00—15:00　22:00—23:00

尖峰 19:00—22:00

高峰 8:00—11:00　15:00—19:00

低谷 23:00—次日 7:00

（2）实施范围

《湖南省峰谷分时电价及丰枯季节电价实施办法》（湘价重〔2004〕90 号附件）、《湖南省物价局关于省电网电价调整有关问题的通知》（湘价电〔2011〕187 号）、《湖南省物价局关于进一步规范电价管理有关问题的通知》(湘价电〔2014〕106 号)、《湖南省发改委关于两部制电价及峰谷分时电价等有关问题的通知》(湘发改价商〔2018〕732 号)明确了峰谷分时电价的执行范围。

依据湘价电〔2011〕187 号文件,现阶段大工业用户及 100 kV · A 及以上的一般工商业及其他用户实行峰谷分时电价。

注意:①用电容量在 100 kV · A(kW)及以上的自来水、铁路(包括地下铁路、城铁及电气化铁路的牵引用电,运输设备的运行、维修用电)、热力、广播电视台、广播电视无线发射台(站)、转播台(站)、差转台(站)、监测台暂不执行峰谷分时电价;

②用电容量在 100 kV · A(kW)及以上的医院、机关(含事业单位)、学校等用户可自愿选择是否执行峰谷分时电价。

③农业生产用电:用电容量达到 100 kV · A 及以上的用户按自愿原则申请执行峰谷分时电价政策。

(3)浮动幅度

依据湘价电〔2011〕99 号文件,湖南省自 2011 年 6 月 1 日起,销售侧峰谷分时电价浮动幅度调整为按固定金额浮动,即尖峰时段在平段基础上浮 0.25 元/(kW · h);高峰时段上浮 0.15 元/(kW · h);低谷时段下浮 0.2 元/(kW · h)。

4)丰枯季节电价制度

季节性电价制度是为了充分利用水电资源、鼓励丰水期多用电的一项措施,即将一年按发电来水和用电需求划分为丰水期、平水期、枯水期等时期。

依据湘价电〔2011〕99 号文件,湖南省 2011 年 6 月 1 起,销售电价暂不执行丰枯季节电价。

5)阶梯电价制度

(1)含义

阶梯电价制度是将用户每月用电量划分成两个或多个级别,各级别之间的电价不同。阶梯电价制度分为递增型阶梯电价制度和递减型阶梯电价制度。递增型阶梯电价制度的后级比前级的电价高;递减型阶梯电价制度的后级比前级的电价低。

(2)适用范围

目前,我国对"一户一表"抄表结算到户的城乡居民生活用电执行阶梯电价制度。

(3)优缺点

阶梯电价制度促进了资源节约型和环境友好型社会建设,能逐步减少电价交叉补贴,引导居民合理用电、节约用电。

(4)湖南省居民阶梯电价

①目前,湖南省对"一户一表"抄表结算到户的城乡居民用户实行阶梯电价。"湘发改价商(2015)958 号文"居民阶梯电价分档电量及电价如下:

第一档电量,不分季节,为每户每月 200 kW · h 及以内的用电量。第二、三档用电量分季节,春秋季,二档电量为 200 kW · h ~ 350 kW · h,三档电量为 350 kW · h 以上;冬夏季,二档电量为 200 kW·h~450 kW·h,三档电量为 450 kW·h 以上。

分档季节划分。以抄表周期划分为:春秋季为 4—6 月、10—12 月,冬夏季为 1—3 月、7—9 月。注意,供电企业抄表周期与日历月不一致,当月抄表电量实际为上一个月周期的用电量,如 4 月份抄表电量实际是 3 月份的用电量。

一户一表的认定。城乡居民家庭住宅(包括租赁住房)生活用电分为一户一表用电和合表用电。一户一表用电:以住宅为单位,一个房产证明对应的住宅为"一户"。

a. 居民用户原则上以房产证为准,一个房产证对应的住宅为"一户",包括跃层住宅与别墅住宅。

b. 农村或城郊私人建房、无房产证或共用房产证的居民住宅,住宅内有多个独立套间的,可以按独立套间分户,套内不允许分户。一个独立套间内应包含卧室、起居室(客厅)、厨房和卫生间等基本功能空间。用户可自主选择按照一户对待,也可选择暂按合表户对待或办理分户。用户要求用电分户的,凭共用房产证或其他房产证明(如居委会或村委会的证明)、房主户口本(或身份证)提出申请,经现场勘查核实后办理。

②居民合表用电。合表用电是指多层、多套、多户住宅(别墅除外)共表的用户。

"多套"的界定:根据《住宅设计规范》(GB 50096—2011)规定,城镇居民住宅应按套型设计,每套住宅应设有卧室、起居室(厅)、厨房和卫生间等基本功能空间。农村居民按照上述规范建设的住宅参照执行。使用公共厕所的非成套住宅,具备其他基本功能、有人居住,独立出进通道可认定为"一套住宅"。

"多户"的界定:多户指合表用电的多个独立住宅,对一套户型内再分多户,应视为"一户"。

"多层"的界定:使用成套住宅外楼梯、自然层数在 2 层及以上的住宅均可视为"多层"。同一套内的分层住宅(如跃层、复式)及别墅住宅,不能认定为多层。

车库、煤棚与住宅共表用电的,不得认定为居民合表用户。如申请车库、煤棚单独装表用电,可按新装用电予以受理。与住宅配套的车库、杂物间、门面(不从事商业活动)且与住宅共表用电的,不得认定为居民合表用户。如用户申请车库、杂物间、门面单独装表用电,可按新装用电予以受理。从事经营活动的门面,应实行分类装表计量。

③"一户多人口"用电。户籍人口 5 人及以上的"一户一表"居民用户,各档电量基数每月增加 100 kW·h。分档电量:第一档电量不分季节,每户每月 300 kW·h 及以内的用电量。第二、三档用电量分季节,春秋季,二档电量为 300 kW·h~450 kW·h,三档电量为 450 kW·h 以上;冬夏季,二档电量为 300 kW·h~550 kW·h,三档电量为 550 kW·h 以上。

"一户多人口"认定:

a. 户籍人口认定。户籍人口 5 人及以上的"一户一表"居民用户,指同一户口簿户籍人口 5 人及以上,不包括不同户口簿中的 5 人及以上、出租房多人合租等情况。一个户口簿只对应一个"一户多人口"居民用电户。

b. 房产认定。户口簿中居住地址对应的房产执行"一户多人口"用电价格。未居住在户簿地址的,由用户申报常住地址,或由派出所、社区等提供相关证明。一个"一户多人口"居民用电户只对应一套房产。

6)功率因数调整电费办法

功率因数调整电费办法是指用户的实际功率因数高于或低于规定标准功率因数时,在按照规定的电价计算出用户当月电费后,再按照"功率因数调整电费表"所规定的百分数计算减收或增收的调整电费。

(1)考核功率因数的目的

用户用电功率因数的高低,对发、供、用电设备的充分利用,节约电能和改善电压质量有着重要影响。因此,应通过对用户功率因数考核,执行《功率因数调整电费办法》,促使用户自己解决所需的无功功率,保持功率因数平衡,用户也能相应地减少电费支出,使供用电双方和社会都能取得最佳的经济效益。

(2)功率因数调整电费标准及适应范围

功率因数调整电费办法是指根据客户的用电性质、供电方式、电价类别、用电容量等,划分出三个按月考核的加权平均功率因数(0.9、0.85、0.8)。如果客户的实际功率因数高于考核功率因数,供电公司则对其减收一定比例的电费;如客户的实际功率因数低于考核功率因数,则对其增收一定比例的电费。

目前,我国对大工业用户、受电变压器容量在 100 kV·A 及以上的一般工商业其他用户、农业生产用户、趸售用户实行功率因数调整电费。

(3)功率因数调整电费标准及适应范围

目前,我国对受电变压器容量在 100 kV·A 及以上的工业用户、非工业用户、农业生产用户、趸售用户实行功率因数调整电费。依据各类用户不同的用电性质及功率因数可能达到的程度,分别规定其功率因数标准值及不同的考核办法。现分述如下:

按月考核加权平均功率因数,分为以下三个不同级别。级别的划分一般按用户用电性质、供电方式、电价类别及用电设备容量等因素进行划分。

①功率因数考核值为 0.90 的,适用于以高压供电户,其受电变压器容量与不通过变压器接用的高压电动机容量总和在 160 kV·A(kW)以上的工业用户;3 200 kV·A 及以上的电力排灌站;以及装有带负荷调整电压装置的高压供电电力用户。

②功率因数考核值为 0.85 的,适用于 100 kV·A(kW)及以上的工业用户和 100 kV·A(kW)及以上的非工业用户和电力排灌站,大工业用户由供电企业直接管理的趸购转售用户。

③功率因数考核值为 0.8 的,适用于 100 kV·A(kW)及以上的农业客户和大工业客户划由电力企业经营部门直接管理的趸售客户。

功率因数调整电费表见附录一。

7)差别电价

自 2004 年起,为发挥价格杠杆的调节作用,加强电价政策与产业政策的协调配合,制止部分高耗能产业低水平重复建设,促进产业结构调整和优化升级,国家将高耗能企业区分为淘汰类、限制类、允许和鼓励类三类,对淘汰类、限制类的企业或生产设备实行差别电价。

(1)行业范围

国家将钢铁行业、铁合金(含工业硅)行业、电解铝行业、锌冶炼行业、电石行业、烧碱行业、黄磷行业、水泥行业等 8 个行业,依据生产能力、生产工艺、建成日期、能源消耗等分为淘汰类、限制类、允许和鼓励类。具体由政府甄别、物价部门下发用户明细、供电部门执行。

(2)加价标准

限制类每 kW·h 加收 0.10 元/(kW·h);淘汰类每 kW·h 加收 0.30 元/(kW·h)。

注意:①差别电价收入计入电费收入,在销售表中列入其他项。

②差别电价不参与峰谷分时电费及力率电费计算。

③差别电价增加的电费收入,作为政府性基金全额上缴中央国库,"收支两条线"。

2.1.6　代征费

根据政府或有关主管部门的规定,供电企业在向用户收取电费的同时,还代收或代征其他费用。依据湘发改价商〔2017〕711 号《关于调整电价结构有关事项的通知》、发改价格〔2017〕1152 号《国家发改委关于取消、降低部分政府性基金及附加合理调整电价结构的通知》,目前,单独征收的代征费有可再生能源附加、大中型水库移民后期扶持基金、国家重大水利工程建设基金和农网还贷基金四种。代征的基金及附加用途如下:

1)农网还贷基金

依据《省物价局、省财政厅关于农村电网改造还贷有关问题的通知》,各级电网经营企业向用户收取电费后,要首先按规定标准足额提取农网还贷基金,单独列账,专户储存,按规定时间缴入国库,存入农行专户,全部用于解决农村电网改造还贷问题。

2)大中型水库移民后期扶持基金

依据《国务院关于完善大中型水库移民后期扶持政策的意见》(国发〔2006〕17 号),后期扶持资金作为政府性基金纳入中央财政预算管理。通过电价加价筹措的后期扶持资金由各省级电网公司随电费征收,全额上缴中央财政,主要用于解决水库移民的温饱问题以及库区和移民安置区基础设施薄弱的突出问题,加强库区和移民安置区基础设施和生态环境建设,改善移民生产生活条件,促进经济发展,增加移民收入,使移民生活水平不断提高,逐步达到当地农村平均水平。

3)可再生能源附加

发展可再生能源,是增加能源供应、改善能源结构、保障能源安全、保护环境、实现经济社会可持续发展的重要途径,也是全社会的义务。受技术条件等因素影响,一般情况下可再生能源发电价格要高于常规能源。因此,在可再生能源发展初期,世界各国普遍采取财政、税收以及价格等方面扶持政策,促进可再生能源发展。《可再生能源法》明确规定,可再生能源发电价格高出常规能源发电价格部分,在全国范围内分摊。

4)国家重大水利工程建设基金

依据财政部、国家发改委、水利部关于印发《国家重大水利工程建设基金征收使用管理暂行办法》的通知(财综〔2009〕90号),湖南电网企业代征的重大水利基金,由财政部驻当地财政监察专员办事处负责征收,并全额上缴中央国库。湖南省缴入中央国库的重大水利基金,纳入中央财政预算管理,由中央财政安排用于南水北调工程建设、三峡工程后续工作和支付三峡工程公益性资产运行维护费用、支付重大水利基金代征手续费。

2.1.7　电价制度的执行

电价制度应用于所有电力用户中,有的用户执行的是一种电价制度,有的用户执行的是多种电价制度。

1)居民用户和小动力用户(容量在 100 kV·A 或 kW 以下)

居民用户的用电设备简单,用电性质是单一的,用电量也比较小。我国居民用户执行的电价制度只是单一制电价制度。

2)100 kV·A 或 kW 及以上的动力用户(除大工业用户)

这类用户的用电容量较大,因此,在执行单一制电价制度的同时还要执行功率因数调整电费办法、峰谷电价制度。

3)大工业用户(受电变压器在 315 kV·A 及以上的工业用户)

大工业用户用电设备复杂,用电量大,执行的电价制度有两部制电价制度、功率因数调整电费办法、峰谷电价制度。

2.1.8　电价咨询案例

某客户来到营业柜台。

收费员:您好! 请坐,请问您要办理什么业务?(起身相迎,微笑示座,主动问好)

客户:我想咨询一下我单位应该执行的电价标准。

客户:我们厂是纺织厂,10 kV 供电,受电变压器容量为 250 kV·A,厂区内有路灯、职工宿舍,沿街有几间门面房,开了小饭店、小零售商店等,请问这些电价是多少啊?

收费员:生产用动力、厂区路灯、门面、饭店、商店均执行一般工商业电价,并执行分时电价;职工宿舍执行居民生活合表电价,电价为 0.604 元/(kW·h)。

客户:现在分时电价是如何确定的?

收费员:大工业用户和受电变压器容量在 100 kV·A 及以上的一般工商业用户全部执行峰谷分时电价。

每天分为四个时段：

（1）平段 7：00—8：00　　11：00—15：00　　22：00—23：00

（2）尖峰 19：00—22：00

（3）高峰 8：00—11：00　　15：00—19：00

（4）低谷 23：00—次日 7：00

尖峰时段上浮 0.25 元/（kW·h）、高峰时段上浮 0.15 元/（kW·h）、低谷时段下浮 0.2 元/（kW·h）。

客户：谢谢,可这么多数据怎么记得住啊?

收费员：我帮您打印一份电价表(打印电价表后双手递给客户)。

客户：太感谢了! 再见。

收费员：不用谢(起身相送),请走好!

【任务指导】

表 2.1.1　客户电价咨询任务指导书

任务名称	客户电价咨询		学时	1 课时
任务描述	某中学客户申请用电,容量为 400 kV·A,有教学楼、办公楼、食堂、门卫、商店、体育馆等,客户前台咨询。前台受理员模拟接待客户咨询。			
任务要求	1.2 人 1 组,1 人扮客户,1 人扮前台受理员; 2.依据最新电价政策和服务规范,正确回答客户电价咨询。			
注意事项	每位学员应认真学习有关电价知识,有不懂之处及时咨询指导老师。			

任务实施步骤:

1.危险点分析与控制措施

电价类别、标准执行错误。

2.作业前准备

知识准备:各电价制度及其执行范围。

资料准备:电价政策文件。

3.操作步骤及质量标准

(1)确定客户用电类别、容量、供电电压等级;

(2)确定客户用电设备执行的电价制度及标准。

4.清理现场

整理资料。

【任务评价】

表 2.1.2　客户电价咨询任务评价表

姓名		班级			学号			
开始时间		结束时间			标准分	100 分	得分	
任务名称			客户电价咨询					
序号	步骤名称	质量要求	满分(分)		评分标准		扣分原因	得分
1	确定客户执行电价制度	依据电价性质、容量、电压等级确定电价制度。	60		错一处扣 10 分。			
2	服务礼仪规范	遵守服务礼仪,回答规范。	40		依据情况酌情扣分。			
教师(签名)			总分(分)					

任务2.2　销售电价实施范围

【任务目标】

1. 能熟悉现行销售电价分类。
2. 能说出现行各销售电价的实施范围。
3. 会根据客户用电情况查阅电价表确定客户执行的电价标准。
4. 能根据客户用电情况确定客户电费构成情况。

【任务描述】

　　某大专院校,采用 10 kV 供电,高供高计,变压器容量为 800 kV·A,其中 315 kV·A 用于校办工厂,30 kV·A 用于水泵房抽水,100 kV·A 用于学校所属幼儿园用电,200 kV·A 用于学生宿舍用电,其他用于学校商业街的门面用电,受理客户有关电价电费构成的咨询。

【相关知识】

2.2.1 现行电价的分类

1)按生产和流通环节分类

由于电能不能大量储存,电力商品具有生产、流通和销售同时进行的特点。电价按照生产和流通环节划分,可分为上网电价、互供电价、销售电价。

(1)上网电价

上网电价是发电厂向电网经营企业输送电能的价格。调整上网电价是调整独立经营发电厂与电网经营企业利益关系的重要手段,是协调发、供电企业两者经济关系,促进发、供电企业协调发展的主要经济杠杆之一。目前我国执行的上网电价均执行单一制电价制度。

(2)互供电价

互供电价是指电网与电网之间互供电能的价格。互供电价包括跨省、自治区、直辖市电网和独立电网之间;省级电网和独立电网之间;独立电网与独立电网之间的互供电量结算价格。

(3)销售电价

销售电价是指供电公司经营的电网向电力客户销售电电能的价格。销售电价构成了电网电力价格的主体,每一种销售电价按照供电电压等级高低不同,由不同的目录电价和其他的附加费用构成。销售电价中的目录电价及其代征费由各独立网、省网及省级以上电网根据本电网企业发供电成本不同而形成不同的价格。

2)按销售方式分类

(1)直供电价

直供电价指供电公司直接向电力客户销售电能的价格。

(2)趸售电价

趸售电价是指国家电网公司以趸售(批发)电价将电能销售给地方供电公司,再由地方供电公司以终端销售电价将电能销售给终端电力客户的电价。趸售区域电力客户的供电服务由趸售区域的地方供电公司具体负责。

(3)转供电价

转供电价是指供电企业没有能力满足客户供电的情况下,委托其周围有转供能力的客户进行转供的电价。转供户在直供电价的基础上加收一定比例的转供费用,从而构成转供电价。

3)销售电价按用电类别分类

销售电价按用电类别分为居民生活用电、一般工商业及其他、大工业和农业生产电价四类。

现行销售电价的分类是在水利电力部(75)水电财字第 67 号文件的基础上逐步完善与调整的。1975 年水利电力部(75)水电财字第 67 号文规定,销售电价分为照明电价、非工业电价、普通工业电价、大工业电价、农业生产电价、趸售电价六大类;1993 年将照明电价分成居民生活照明、非居民生活照明;2000 年又从非普通工业和非居民生活照明中分离出了商业电价,使最初的六类销售电价派生到八类电价,即大工业电价、非工业电价、普通工业电价、农业生产电价、居民生活电价、非居民生活电价、商业电价和趸售电价,其中农业生产用电还分为农业生产电价、农业排灌电价和贫困县排灌电价。

为了健全销售电价机制,充分利用价格杠杆,合理配置电力资源,保护电力企业和用电客户的合法利益,2005 年国家发改委下发的《销售电价管理暂行办法》就销售电价分类改革的目标进行了明确,即销售电价分类改革的最终目标是将电价分为居民生活用电、农业生产用电、工商业及其他用电价格三类。

目前,湖南省销售目录电价分为:居民生活用电、一般工商业及其他(含非居民生活照明、商业用电、非工业、普工业)、大工业、农业生产电价(含农业生产电价、农业排灌电价和贫困县排灌电价)和趸售电价。

4)销售电价按电压等级分类

销售电价按用电电压等级分为不满 1 kV、1~10 kV、35 kV、110 kV、220 kV。电压等级越低的用电,变压成本越高,其电价标准越高。

2.2.2 现行销售电价实施范围

依据《湖南省物价局关于全省销售电价分类的通知》(湘价电〔2014〕107 号文)规定,各类销售电价具体适用范围如下:

1)居民生活电价

居民生活用电包括城乡居民家庭住宅(包括租赁住房)生活用电、城乡居民住宅小区公用附属设施用电、学校教学和学生生活用电、社会福利场所生活用电、宗教场所生活用电、城乡社区居民委员会服务设施用电、农村饮水安全工程用电、监狱监房生活用电。

①城乡居民住宅生活用电:城乡居民家庭住宅,以及机关部队、学校、企事业单位宿舍的生活用电。

②城乡居民住宅小区公用附属设施用电:城乡居民家庭住宅小区内的公用场所照明、电梯、电子防盗门、电子门铃、二次供水水泵用电、消防、绿地、门卫、车库、物业管理、集中供暖或制冷设施以及为居民服务的非经营性用电。

③学校教学和学生生活用电:学校的教室、图书馆、实验室、体育用房、学校行政用房等

教学设施,以及学生食堂、澡堂、宿舍等学生生活设施用电。

执行居民生活用电价格的学校,是指国家有关部门批准,由政府及其有关部门、社会组织和公民个人举办的公办、民办学校,包括:

a.普通高等学校(包括大学,独立设置的学院和高等专科学校)。

b.普通高中、成人高中和中等职业学校(包括普通中专、成人中专、职业高中、技工学校)。

c.普通初中,职业初中、成人初中。

d.普通小学,成人小学。

e.幼儿园(托儿所)。

f.特殊教育学校(对残障儿童,少年实施义务教育的机构)及残疾人技能培训机构。

g.党校行政学院、电大、函大、职大、夜大等非经营成人高等教育机构。

执行居民生活用电价格的学校,不含除残疾人技能培训机构外的各类经营性培训机构(如驾校、烹饪、美容美发、语言、继续教育、电脑培训等)和各类企事业单位培训中心等。

④社会福利场所生活用电:经县级以上人民政府民政部门批准,由国家、社会组织和公民个人举办的,为老年人、残疾人、孤儿、弃婴提供养护、康复、托管等服务场所的生活及非经营性生活附属服务设施用电。

⑤宗教场所综合用电:经县级及以上人民政府宗教事务部门登记的寺院、宫观、清真寺、教堂等宗教活动场所常住人员和外来暂住人员的生活用电。

⑥城乡社区居民委员会服务设施用电:城乡居民社区居民委员会工作场所及非经营性服务设施的用电。具体包括:城乡社区居民委员会办公场所用电;附属的非经营公益性的图书阅览室、警务室、医务室、健身室等用电;附属的福利院、敬老院以及为老年人提供膳宿服务的养老服务设施的用电。

⑦农村饮水安全工程居民供水用电:列入国家和省农村饮水安全规划,以解决农村居民饮用水为主要目标的乡镇及其以下供水工程中,居民饮用水的取水、抽水等生产用电,不包括办公等用电。

⑧监狱监房生活用电:主要包括监狱、看守所、拘留所中监房的生活用电及场所内的食堂、澡堂等非经营性生活设施用电,不包括监狱、看守所、拘留所等办公及其他用电。

⑨市州政府所在城市的社区农超对接店用电。农超对接店指农产品生产者直接供应农产品的超市、便利店。

2)农业生产用电

农业生产用电是指农业、林木培育和种植、畜牧业、渔业(含加热、降温)用电,农业灌溉用电,以及农业服务中的农产品初加工用电。其他农、林、牧、渔服务业用电和农副食品加工业用电等不执行农业生产用电价格。现行贫困县农业排灌用电价格暂单列。

农业用电:各类农作物的种植活动用电。

林木培育和种植用电:林木育种和育苗、造林和更新、森林经营和管护等活动用电。

畜牧业用电:为了获得各种畜禽产品而从事的动物繁殖、饲养活动用电,不包括专门供体育活动和休闲等活动相关的禽畜饲养用电。

渔业用电:对各种水生动物进行养殖、捕捞活动用电,不包括专门供体育活动和休闲钓鱼等活动用电以及水产品的加工用电。

农业灌溉用电:为农业生产服务的灌溉及排涝用电。

农产品初加工用电:对各种农产品(包括天然橡胶、纺织纤维原料)进行脱水、凝固、去籽、净化、分类、晒干、剥皮、初烤、沤软或提供初级市场的大批包装用电。

①粮食初加工用电:小麦、稻谷的净化、晒干及米糠清理用电;玉米的筛选、脱皮、净化、晒干用电;薯类的清洗、去皮用电;食用豆类的清理去杂、浸洗、晾晒用电;燕麦、荞麦、高粱、谷子等杂粮清理去杂、晾晒及米糠等粮食副产品的清理用电。

②水果初加工用电:新鲜水果(含各类山野果)的清洗、剥皮、分类用电。

③花卉及观赏植物初加工用电:各种用途的花卉及植物的分类、剪切用电。

④油、糖料植物初加工用电:菜籽、花生、大豆、葵花籽、蓖麻籽、芝麻、胡麻籽、茶子、桐子、棉籽、红花籽、甘蔗等各种糖、油料植物的清理、清洗、破碎等简单加工用电。

⑤茶叶初加工用电:毛茶或半成品原料茶的筛、切、选、拣、炒等初加工活动用电。

⑥药用植物初加工用电:各种药用植物的挑选、整理、捆扎、清洗、晾晒用电。

⑦纤维植物初加工用电:棉花去籽、麻类沤软用电。

⑧天然橡胶初加工用电:天然橡胶去除杂质、脱水用电。

⑨烟草初加工用电:烟草的初烤用电。

⑩大批包装用电:各类农产品初加工过程中的提供初级市场的大批包装用电。

注意,界定是否属于农产品初加工用电时,主要把握三项原则:一是不属于农副食品加工业用电;二是属于初次交易环节前;三是向农民和农业合作组织倾斜,工厂化生产企业内的农产品初加工环节用电不执行农业生产电价。

3)贫困县农业排灌用电

这指国家和省两级扶贫开发工作重点县(市、区)为农业生产服务的灌溉及排涝用电。

农业、林业、牧业、渔业用电的界定原则,主要按种植、养殖的"第一环节"用电,其后续运输、宰杀、加工、储存、经销等的用电均不属于农业生产用电范围。通俗地讲就是种植的作物离开土地之后,养殖的水产品离开水之后,木材、竹材砍伐之后,饲养的禽、畜离开饲养圈之后。农业生产用电中不包括专门供体育活动和休闲等活动相关的畜禽饲养、水产品加工用电。

4)大工业用电

大工业用电是指受电变压器容量(含不通过受电变压器的高压电动机)在 315 kV·A 及以上的下列用电:

①以电为原动力或以电冶铁、烘焙、熔焊、电解、电化、电热的工业生产用电价格;

②铁路(包含地下铁路、城铁及电气化铁路牵引用电)、航运、石油(天然气、热力)加压站生产用电及电动汽车充电站(桩)用电;

③自来水、工业实验、电子计算中心、垃圾处理、污水处理生产用电；

④大型农贸市场用电、蔬菜冷链物流的冷库用电。

大工业用电为生产用电(含生产车间照明、空调用电)，附属办公等用电应执行一般工商业电价。铁路、航运、电车生产用电主要指运输设备的运行、维修用电。

5)一般工商业及其他用电

一般工商业及其他用电指除居民生活，大工业用电，农业生产用电以外的用电。其中含：

(1)除居民生活用电、生产车间照明和空调用电以外的其他照明用电

a.机关、事业单位、社会团体、医院(诊所)、研究机构、宗教场所等非经营性单位和场所非居民生活用电。

b.铁路、邮政、电信、管道输送、管道煤气(天然气)、航运、电车、电视、广播、仓库(仓储)、码头、车站、停车场、机场、下水道、路灯、道路绿化、广告(牌、箱)、体育场(馆)、市政公共设施、公路收费站、农贸市场、自来水、有线电视等用电。

c.宾馆、饭店、旅社、酒店、咖啡厅、茶座、美容美发厅、浴室、洗染店、摄影等服务业用电。

d.商场、商店、交易中心(市场)、超市、加油站、房产销售经营场所等商品销售业用电。

e.旅游景点、影剧院、录像放映厅、游艺机室、网吧、健身房、保龄球馆、游泳池、歌舞厅、卡拉OK厅、高尔夫球场等文化娱乐、健身、休闲业用电。

f.证券、信托、租赁、典当、期货、保险和银行、信用社等金融交易业用电。

g.法律服务、咨询与调查服务、广告服务、中介服务、旅行社、会议及展览服务、其他经营性等商务服务；家政、修理与维护、清洁服务业等其他服务业用电。

(2)普通工业用电

它是指受电变压器容量在315 kV·A以下的工业用电(含污水处理、垃圾处理、农产品批发市场和农贸市场、蔬菜冷链物流中冷库和鲜活农产品冷库用电和农副产品的初加工以外的加工用电)及非工业用电。

非工业用电：凡以电为原动力，或以电冶炼、烘焙、熔焊、电解、电化的试验和非工业生产，其总容量在3 kW及以上者。例如下列各种用电：

a.机关、部队、商店、学校、医院及学术研究、试验等单位的电动机、电热、电解、电化、冷藏等用电。

b.铁道、地下铁道(包括照明)、管道输油、航运、电车、电讯、广播、仓库、码头、飞机场及其他处所的加油站、打气站、充电站、下水道等电力用电。

c.电影制片厂摄影棚水银灯用电和专门对外营业的电影院、剧院、电影放映队、宣传演出队的影剧场照明、通风、放映机、幻灯机等用电。

d.基建工地施工用电(包括施工照明)。

e.地下防空设施的通风、照明、抽水用电。

f.有线广播站电力用电(不分设备容量大小)。

（3）农副食品加工业用电

它是指直接以农、林、牧、渔产品为原料进行的谷物磨制，饲料加工，植物油和制糖加工，屠宰及肉类加工，水产品加工，以及蔬菜、水果、坚果等食品的加工用电。

2.2.3　电价咨询案例

某客户来到营业柜台。

受理员：您好！请坐，请问您要办理什么业务？（起身相迎，微笑示座，主动问好）

客户：我想咨询一下我单位的电费构成。

客户：我们是大专院校，采用 10 kV 供电，高供高计，变压器容量为 800 kV·A，其中 315 kV·A 用于校办工厂，30 kV·A 用于水泵房抽水，100 kV·A 用于学校所属幼儿园用电，200 kV·A 用于学生宿舍用电，其他用于学校商业街的门面用电，请问电费是怎么构成的？

受理员：你们企业的电费构成是这样的：

电费＝电度电费（分时）＋基本电费±功率因数调整电费＋代征费

客户：怎么又是电度电费（分时），又是基本电费，依据是什么？

受理员：第一，因变压器容量为 800 kV·A，所以是大工业用户，执行两部制电价，属于受电变压器总容量在 315 kV·A 及以上的下列用电。

机关、部队、学校及学术研究、试验等单位的附属工厂（凡以学生参加劳动实习为主的校办工厂除外），有产品生产，或对外承接生产、修理业务的生产用电。

两部制电价包含电度电价和基本电价。

第二，实行分时电度电价，规定大工业及 100 kV·A 及以上的非工业和普通工业用户要执行分时电度电价。

第三，我国对受电变压器容量在 100 kV·A 及以上的工业用户、非工业用户、农业生产用户、趸售用户实行功率因数调整电费。

第四，代征费是根据政府或有关主管部门的规定，供电部门在向用户收取电费的同时，还代收或代征其他费用。

客户：谢谢！电费的计算很复杂呀，那每个月交电费会有详细的单据给我们吗？

受理员：这个您请放心，每月缴费后有张电费明细单给贵单位。上面很清楚地记录了不同用电性质的电量、电价及电费和总电费。

客户：那太好了。非常感谢！再见！

受理员：不用谢（起身相送），请走好！

【任务指导】

表 2.2.1　确定客户执行电价标准任务指导书

任务名称	确定客户执行电价标准		学时	1 课时
任务描述	某大专院校,采用 10 kV 供电,高供高计,变压器容量为 800 kV·A,其中 315 kV·A 用于校办工厂,30 kV·A 用于水泵房抽水,100 kV·A 用于学校所属幼儿园用电,200 kV·A 用于学生宿舍用电,其他用于学校商业街的门面用电,请对以上用电设备确定执行电价类别。			
任务要求	1. 分小组配合作业 2. 依据最新电价政策,查询电价表确定客户的各用电设备执行的电价类别及电价标准。			
注意事项	每位学员应认真学习有关电价知识,有不懂之处及时咨询指导老师			

任务实施步骤:

1. 危险点分析与控制措施

电价类别、标准执行错误。

2. 作业前准备

电价表、电价政策文件。

3. 操作步骤及质量标准

(1)确定用电设备属照明用电还是动力用电。

(2)根据用电设备的实际用途(即实际行业分类)确定用电类别。

①照明用电:居民生活、非居民照明、商业;

②动力用电:非工业、工业(普通工业、大工业)。

(3)按湘价电〔2011〕187 号文,确定电价分类。

(4)查询电价表,确定各用电设备执行的电价标准。

4. 清理现场

整理资料。

【任务评价】

表2.2.2 确定客户执行电价标准任务评价表

姓名			班级			学号		
开始时间			结束时间		标准分	100 分	得分	
任务名称	确定客户执行的电价标准							
序号	步骤名称		质量要求	满分(分)		评分标准	扣分原因	得分
1	确定用电类别		依据电价性质确定用电类别。	50		错一处扣10分。		
2	确定电价标准		查电价表确定电价标准。	50		错一处扣10分。		
教师(签名)				总分(分)				

【情境总结】

　　电力用户执行的电价是电费核算的关键,本情景介绍了电价管理原则、现行电价制度、销售电价分类及其实施范围,要求熟悉电价制度和销售电价的实施范围,能够确定客户应执行的目录电价,能解答客户的有关电价咨询问题。

【思考与习题】

　　1.什么是电价?电价由哪几部分构成?

　　2.何谓单一制电价?说明其实施范围。

　　3.何谓两部制电价?说明其实施范围。

　　4.什么是峰谷分时电价?有何作用?

　　5.什么是功率因数调整电费?其实施范围如何?

　　6.何谓阶梯电价制度?什么用户执行阶梯电价制度?

　　7.我国现行销售电价有哪几类?

8. 普通工业电价与大工业电价的区别是什么?

9. 试述居民生活电价的执行范围。

10. 试述农业生产电价的执行范围。

11. 试述一般工商业及其他电价的执行范围。

情境 3 电费核算

【情境描述】

本情境分为电费核算认知、低压公变客户电费计算、单一制专变客户电费计算、两部制专变客户电费计算、电费退补计算五个学习任务。通过学习,要求学生能够根据最新电价政策和客户用电情况核算电力客户应交电费。

【情境目标】

1. 知识目标

(1)掌握各类客户电量、电度电费的计算方法。

(2)掌握功率因数调整率和功率因数调整电费的计算方法。

(3)了解基本电费的计算方法及规定。

(4)了解变损电量和线损电量的计算方法及其分摊。

(5)掌握各类客户电费构成。

(6)清楚非政策性退补流程及退补计算。

2. 能力目标

(1)能熟练计算居民客户阶梯电费。

(2)能计算单一制电价客户电度电费、功率因数调整电费和代征费。

(3)计算两部制电价客户的基本电费。

(4)能了解变损电量和线损电量计算及其分摊。

(5)能看懂电费清单。

(6)清楚非政策性退补流程及退补计算。

3. 态度目标

(1)能主动学习,在完成任务过程中发现问题、分析问题和解决问题。

(2)养成严谨细致、一丝不苟的工作态度。

(3)严格遵守法规政策,按章办事。

任务 3.1　电费核算认知

【任务目标】

1. 掌握电费核算管理的概念、电费核算方式。
2. 熟悉电费核算管理的内容及总体要求。
3. 了解营销现代化抄核业务内容及流程。

【任务描述】

本任务对电费核算管理的概念、电费核算的方式、电费核算的管理内容、总体的结构和要求进行了描述,通过学习能够掌握电费核算的总体工作要求,熟悉核算的概念、核算方式、管理内容和总体结构。

【相关知识】

电费核算是电费管理的中枢,是对抄表读数复核后根据合同确认的容量及电价进行电费计算,并对电费计算结果进行校核处理的全过程管理。核算的质量影响到电费能否按照规定及时准确地收回、账目是否清楚以及统计数字是否准确。

核算管理是根据客户的抄见电量及计费档案、优惠策略、电价标准等信息进行电量、电费的计算,并对电费计算结果进行审核,在审核过程中发现异常就进行处理,审核完成后进行电费发行,根据实际需要发起并执行电费退补。

3.1.1　核算管理的内容

核算管理包括电费计算参数管理、电量电费计算、审核管理、电费退补管理、政策性调整客户计费参数等内容。

核算管理在业务处理中与其他业务类和营销分析与辅助决策模块存在关联关系:

①电量电费审核后,根据审核结果向客户档案管理业务类、抄表管理业务类、用电检查管理业务类发出异常工作单。

②核算管理向营销分析与辅助决策模块传送电价政策版本、电量电费、差错笔数、发行

笔数、退补电量电费等信息。

③客户档案信息错误、计量装置故障、用电检查、抄表错误等引发电费退补管理流程。

④电费发行后形成应收信息,提供给电费收缴及账务管理岗位进行相关业务。

3.1.2　电费核算的方式

电费核算多采用市公司集中模式,利用统一的营销业务应用系统集中核算。目前,网省公司已推广采用自动化抄表核算流程,实行抄表自动化、核算智能化的电费抄核流程全自动流转、内勤在线指挥、外勤网格化作业的现代化营销抄核业务作业体系,降低了抄表核算人力资源,缩短电费发行时间,提高现场服务效率。

3.1.3　电费核算的总体工作要求

①按照《国家电网公司营业抄核收工作管理规定》,加强电量电费核算管理,确保电量电费核算的各类数据及参数的完整性、准确性和安全性。

②电量电费计算必须有可靠的数据备份和保存方法,确保数据的安全。

③电量电费计算必须记录中间过程数据,形成电量电费计算日志。

④电价管理要有严格的管理权限,并有操作记录备查。

⑤电费算法严格按照《供电营业规则》、发改委政策文件中的规定进行设计。

⑥电量电费审核严格按照《国家电网公司营业抄核收工作管理规定》要求进行审核。

⑦在电价政策调整、数据编码变更、营销业务应用系统软件修改、营销业务应用系统故障等事件发生后,应对电量电费进行试算并对各类客户的计算结果进行重点抽查审核。

⑧建立电量电费差错统计、分析和差错考核制度。

3.1.4　电量电费核算的作业规范

抄表数据校核结束后,应在24小时内完成电量电费计算工作,及时审核新装和变更工作单,保证计算参数及数据与现场实际情况一致。电价、计量及计费参数等与电量电费计算有关的资料录入、修改、删除等作业,均应有记录备查。做好可靠的数据备份和保存措施,确保数据的安全。

电量电费核算应认真细致。按财务制度建立应收电费明细账,编制应收电费日报表、日累计报表、月报表,明细账与报表应核对一致,保证数据完整准确。

①对新装用电客户、用电变更客户、电能计量装置参数变化的客户,其业务流程处理完毕后的首次电量电费计算,应逐户进行审核,对电量明显异常及各类特殊供电方式(如多电

源、转供电等)的客户重点复核。

②在电价政策调整、数据编码变更、营销信息系统软件修改、营销信息系统故障等事件发生后,应对电量电费进行试算并对各类客户的计算结果进行重点抽查审核。

③对电量电费复核过程中发现的问题应按规定的程序和流程及时处理,做好详细记录,并按月汇总形成复核报告。

3.1.5　营销自动化抄核流程

国网湖南省电力公司在 2016 年通过试点并已推广实施了营销现代化抄核业务营销业务应用系统。在采集覆盖区域,创建抄表计划、数据准备、抄表、抄表复核、电费计算、电费审核、电费发行全面实现系统自动化。为了减少计费差错,通过建立抄表、电费异常规则库,对表码提取、抄表示数、电费计算结果进行系统自动校核。推行内勤分离和网格化现场服务新模式,由内勤将校核出的异常生成任务工单进行业务派单,外勤执行任务工单、回单,内勤审核闭环,整合用电检查、反窃电、表计装拆、采集现场运维、现场补抄、周期核抄、电费催收、现场停复电等现场服务资源,实现抄核业务集约化、管理精益化。

营销现代化抄核业务分为抄表核算发行自动化、电费试算智能化、异常任务管理、网格化管理、新增现代化业务统计查询五部分内容,如图 3.1.1 所示。

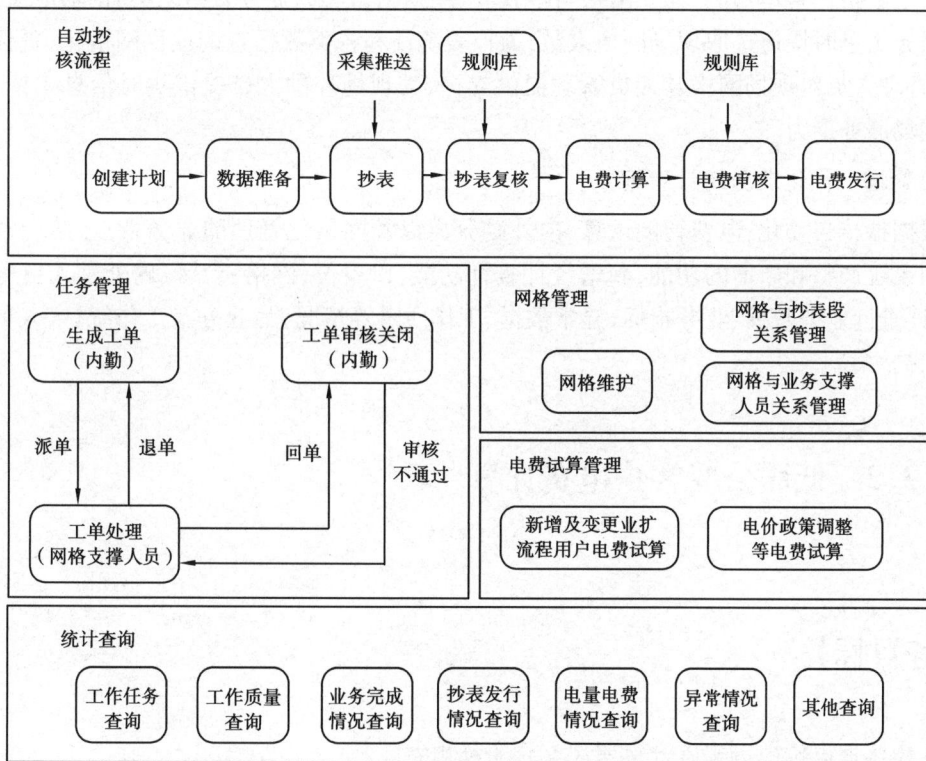

图 3.1.1　营销现代化抄核业务营销业务应用系统总体关系及流程

1) 调整抄表核算流程,采集覆盖的用户实现抄表核算发行自动化

调整营销业务应用系统电费抄表核算发行流程。针对抄表方式为远程抄表的公变抄表段,将抄核流程制定抄表计划、数据准备、抄表、抄表审核、电费计算、电费审核、电费发行各环节由人工接收、处理、发送的功能调整为系统自动实现,并通过建立业务异常规则库,将自动处理不成功的流程,自动派送异常工单转人工处理,实现抄表核算发行整个流程的全自动化。节约人力资源,减少人为差错。

2) 新增电费试算流程,对新增、变更及电价政策调整业务等实现智能化电费试算

新增电费试算流程。在新装及变更业扩报装流程信息归档后系统自动触发电费试算流程,验证新增和变更用户信息是否准确规范;对于电价政策调整、系统升级等情况可手动选取用户发起电费试算流程,验证用户电费计算是否正确,防范电费异常风险。

3) 新增异常管理流程,支撑内外勤分离集约化的作业体系

新增异常任务管理流程。将自动化抄核流程中审核出的未抄、表码异常、电费异常等生成异常清单,由内勤人员审核并生成任务工单,派发外勤人员现场处理,处理后再由内勤人员审核关闭任务工单。通过异常管理流程,实现内勤审核派单、外勤执行回单的作业模式,缩短工作链路,提升工作效率,实现集约化管理。

4) 新增网格化管理,提升现场网格化服务能力

新增网格化管理功能,建立网格与抄表段、外勤(责任人、业务支撑人员)的对应关系,为派发任务工单时快速选取现场网格人员,为报表统计和各类数据查询提供网格化、责任人维度,为管理人员对现场网格及人员管理提供支撑,为现场外勤人员提供实时信息支撑,助其提升现场服务能力。

5) 新增现代化业务统计查询

根据抄核自动化、电费智能试算、内外勤分离以及网格化管理的业务特点,结合营销业务应用系统调整和新增的功能,新增统计查询功能,以单位、网格、台区、内外勤人员等为维度,统计查询业务数据、业务指标、异常数据、工作质量等情况,为业务及工作统计、人员考核提供依据。

任务 3.2 低压公变客户电费计算

【任务目标】

1. 能依据电价政策正确计算居民客户阶梯电费。
2. 能正确计算低压客户的抄见电量、电度电费和代征费。

【任务描述】

给定新装低压居民客户连续 2 个月的表码,依据电价政策,计算该客户的月电费。

【相关知识】

公变客户是指供电电压等级为 220 V/380 V 公用变压器供电的客户。公变客户供电主要包括居民客户、农业生产客户和一般工商业及其他客户。

3.2.1　公变客户电量计算

1)抄见电量计算

抄见电量是根据客户电能表所指示的数据计算得到的电量。计算公式为:

$$抄见电量 = (本月示数 - 上月示数) \times 综合倍率 = 码差 \times 综合倍率$$
$$综合倍率 = 电流互感器变比 \times 电压互感器变比$$

当电能表翻转时

$$抄见电量 = (本月示数 + 10^{表位数} - 上月示数) \times 综合倍率$$

2)结算电量计算

结算电量是电力企业电费管理部门与电力客户最终进行结算电费的电量。计算公式为:

$$结算电量 = 抄见电量 + 变压器损失电量 + 线路损失电量 + 其他未经计量装置记录的电量$$

对于直接抄表到户的公用变压器供电的用电客户,计量装置安装在产权分界处时,无损耗电量的结算电量与抄见电量一致。

3)多个计量点客户电量计算

(1)计量关系为总-分表形式

如图 3.2.1 所示,计量关系为总-分关系,其电量计算方法为

$$总表电量 = 总表码差 \times 总表倍率$$
$$居民生活电量 = 分表码差 \times 分表倍率$$
$$动力电量 = 总表电量 - 居民生活电量$$

(2)计量关系为并列形式

如图 3.2.2 所示,计量关系为并列形式,也称专表关系,居民客户结算电量计算方法为

$$居民生活电量 = 表 A 码差 × 表 A 倍率$$
$$动力电量 = 表 B 码差 × 表 B 倍率$$

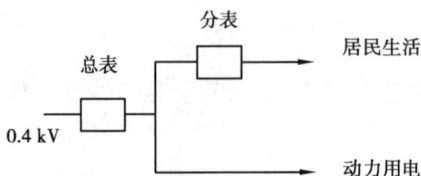

图 3.2.1　总-分表形式　　　　图 3.2.2　并列形式

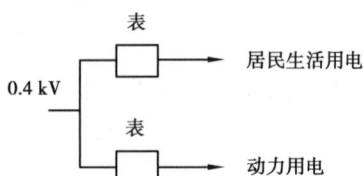

4）定比定量计算

《供电营业规则》第七十一条规定,在用户受电点内难以按电价类别分别装设用电计量装置时,可装设总的用电计量装置,然后按其不同电价类别的用电设备容量的比例或实际可能的用电,确定不同电价类别用电量的比例或定量进行分算,分别计价。定比定量值需在合同中约定。供电企业每年至少对上述比例或定量核定一次,用户不得拒绝。

定比定量的计算规则和方法,应根据预先协定的比例和定额值,计算出相应电价类别下各自用电量,计算出来的定比定量用电量视同分表的抄见电量。

（1）定比

定比计量点必须有上级计量点,它可以作为计费主表的分表（下称定比分表）来结算电量,结算的电量供执行定比电价的客户计算电费。

（2）定量

定量可以作为计费主表的分表抄见电量,也可以作为无表用户约定抄见电量的结算。定量值必须为大于 1 的整数。

需要注意的是,目前新装用户必须按电价类别分别安装电能计量装置,因此不再有定比定量的问题。

3.2.2　公变客户电费计算

1）电度电费计算

电度电费是依据客户的结算有功电量和对应的目录电度电价标准计算得到,其中目录电度电价不包含基金和附加。因低压公变客户容量一般为 100 kV·A 以下,不需执行分时电价,其电度电费计算公式为

$$电度电费 = 结算有功电量 × 目录电度电价$$

2）代征电费计算

代征电费依据客户的结算有功电量和规定的对应代征电价标准计算得到。计算公式为

$$代征电费 = 结算有功电量 × 代征电价$$

$$代征费_i = 结算有功电量 \times 基金及附加单价_i$$
$$总代征费 = \sum 代征费_i$$

其中,i代表各基金及附加的类型。

3)湖南省居民客户阶梯电价算费规则

①不同执行周期分档电量的确定。

抄表周期为1个月的,按月分档电量标准计算当期分档电量;抄表周期为2个月的,按照两个月阶梯分档电量标准相加确定当期分档电量。

②不足或超出一个执行周期分档电量的确定。

居民用户因新装、销户、过户、改类等业务原因,业务变更前(后)天数不足1个月的,按1个月的分档电量标准计算当期分档电量;超过1个月不足2个月的,按2个月的分档电量标准计算当期分档电量。

③调整抄表例日分档电量的确定。

因调整抄表例日,实际用电天数不足或超出1个抄表周期的,分档电量按抄表周期内实际天数对应30天折算后的分档电量标准计算。

④居民阶梯电价电费的计算。

居民阶梯电价按递增法计算,即先按照总用电量和第一档的电价标准计算全部电量的电费,再按照第二档、第三档的加价电价标准分别计算第二档、第三档的电量的递增电费。以上三部分电费之和为该居民用户的总电费。

⑤预付费电能表的退费处理。

预付费电能表的居民用户剩余电量需要退费的,电费结算后,按剩余档次的电量乘以对应档次电价计算应退电费。

⑥低保户及五保户免费用电电费的处理。

免费用电电量纳入第一档的分档电量,按照居民阶梯电价的基准电价标准计算减免电费。实际电量不足免费电量的以实际电量进行减免;允许多个低保户或五保户关联同一用电客户编号,免费用电基数累加。

⑦退补电量电费的处理。

电量电费退补应先确定实际电量总额和对应的时间周期。对一个抄表周期内的退补,应将实际电量按规定标准分摊分档电量,根据对应的电价标准计算实际电费后,与已发行的电量、电费比对后进行退补;对跨抄表周期的退补,应将实际电量细分至各抄表周期,按规定标准分摊各抄表周期内的分档电量,按照对应的电价标准计算各抄表周期的实际电费,汇总后与已发行的电量、电费比对并进行退补。

4)湖南省居民合表电价客户电费计算

(1)执行居民合表电价的范围

①城乡居民住宅小区公用附属设施用电:居民生活用电_合表。

②学校教学和学生生活用电(含幼儿园、大中小学):居民生活用电_中小学校。

③社会福利场所生活用电:居民生活用电_合表。

④宗教场所生活用电:居民生活用电_合表。

⑤城乡社区居民委员会服务设施用电:居民生活用电_合表。

⑥农村饮水安全工程用电:居民生活用电_农村饮用水。

⑦监狱监房生活用电:居民生活用电_合表。

⑧城乡居民家庭住宅(包括租赁住房)生活用电:一户一表用电选择居民生活用电_阶梯。其中,户籍人口5人及以上的选择居民生活用电_阶梯_一户多人口;合表用电选择居民生活用电_合表。

⑨发改价格〔2014〕1668号《关于电动汽车用电价格政策有关问题的通知》。居民家庭住宅、居民住宅小区、执行居民电价的非居民用户中设置的充电设施用电,执行居民用电价格中的合表用户电价。

(2)居民合表电价客户电费计算

城乡居民合表电价,其电价在基准电价基础上提高0.016元/(kW·h)。

3.2.3 电费计算示例

【例3.2.1】 假定某用户为一户一表用户,单月抄表,抄表例日为每月1号。2019年7月1日抄见示数300,8月1日抄见示数950,请问该客户8月份应交多少电费?

解 基准电量:950 - 300 = 650(kW·h)

第二档电量:450 - 200 = 250(kW·h)

第三档电量:650 - 450 = 200(kW·h)

基准电费:650 × 0.588 = 382.20(元)

第二档递增电费:250 × 0.05 = 12.50(元)

第三档递增电费:(650 - 450) × 0.3 = 60.00(元)

合计电费:382.20 + 12.50 + 60.00 = 454.70(元)

答:客户本月总电费为454.70元。

【例3.2.2】 某用户为一户一表用户,单月抄表,总表居民生活,商业提比20%,8月抄见总电量为450 kW·h,请问该客户本月份应交多少电费? 已知商业电价0.683元/(kW·h)。

解 商业电量 = 450 × 20% = 90(kW·h)

居民电量 = 450 - 90 = 360(kW·h)

商业电费 = 90 × 0.683 = 61.47(元)

居民基准电量:450 - 90 = 360(kW·h)

第二档电量:360 - 200 = 160(kW·h)

居民基准电费:360 × 0.588 = 211.68(元)

居民第二档递增电费:(360 - 200) × 0.05 = 8.00(元)

居民合计电费:211.68 + 8.00 = 219.68(元)

总合计电费:61.47 + 219.68 = 281.15(元)

答:该客户本月应交电费 281.15 元。

【例 3.2.3】　某一户一表居民客户,倍率为 1,抄表例日为每月 1 日。2019 年 7 月 1 日抄表总示数为 400,2019 年 7 月 18 日办理过户业务,现场抄表总示数 580,2019 年 8 月 1 日抄表总示数为 1130。请问老客户过户结算应交多少电费? 新客户 2019 年 8 月份应交多少电费?

解　由于过户日为 7 月 18 日,老客户的用电时间是 7 月 1 日—7 月 18 日,新客户的用电时间是 7 月 18 日—8 月 1 日,都属于不足一个月,按一个月计算。

老客户和新客户分档指标电量均为:

第一档指标电量:200 kW·h

第二档指标电量:450 - 200 = 250(kW·h)

第三档指标电量:450 kW·h 以上

老客户:

基准电量:(580 - 400) × 1 = 180(kW·h)

新客户:

基准电量:(1 130 - 580) × 1 = 550(kW·h)

第二档电量:250(kW·h)

第三档电量:550 - 450 = 100(kW·h)

老客户:

基准电费:180 × 0.588 = 105.84(元)

合计电费 = 105.84(元)

新客户:

基准电费:550 × 0.588 = 323.40(元)

第二档递增电费:250 × 0.05 = 12.50(元)

第三档递增电费:100 × 0.30 = 30.00(元)

合计电费 = 323.40 + 12.50 + 30.00 = 365.90(元)

答:老客户应交 105.84 元,新客户本月总电费为 365.90 元。

【例 3.2.4】　某用户为新装"一户一表"居民用户,单月抄表,抄表例日为 1 日。2019 年 7 月 4 日新装送电,装表示数为 0,2019 年 8 月 1 日首次抄表总示数为 780。计算该户 2019 年 8 月份应交电费。

解　首次抄表日期为 8 月 1 日,送电日期 7 月 4 日,不足 1 个月按 1 个月计算。

第一档指标电量:200 kW·h

第二档指标电量:450 - 200 = 250(kW·h)

第三档指标电量:450 kW·h 以上

基准电费:(780 - 0) × 0.588 = 458.64(元)

第二档递增电费:(450 - 200) × 0.05 = 12.5(元)

第三档递增电费:(780 - 450) × 0.3 = 99(元)

合计电费:458.64 + 12.5 + 99 = 570.14(元)

答:客户本月总电费为570.14元。

【例3.2.5】 某一户一表居民客户,每月抄表,9月1日抄见电量600 kW·h,发行电费后客户发现电费增加,致电95598,经用电检查人员核对本抄表周期实际用电量160 kW·h,请问该用户本次应退电费为多少?

解 本月实际应收电费:160 × 0.588 = 94.08(元)

本月已发行电费:600 × 0.588 + 250 × 0.05 + (600 - 450) × 0.30 = 410.30(元)

差错电量(基准电量):160 - 600 = -440(kW·h)

差错电量(第二档电量):0 - 250 = -250(kW·h)

差错电量(第三档电量):0 - 150 = -150(kW·h)

差错电费(基准电费):-440 × 0.588 = -258.72(元)

差错电费(第二档递增电费):-250 × 0.05 = -12.50(元)

差错电费(第三档递增电费):-150 × 0.30 = -45.00(元)

应退电费 = 258.72 + 12.50 + 45.00 = 316.22(元)

答:合计应退电量440千瓦时,应退电费316.22元。

【例3.2.6】 某低压电力客户的电能计量关系如图3.1.1所示。总表配有电流互感器,其变比为50/5;居民生活用电分表为直通表,执行居民阶梯电价。6月底抄见表码和5月底抄见表码见表3.2.1,请问客户本月应交多少电费?已知一般工商业及其他电度电价及代征电价合计为0.706元/(kW·h)。

表3.2.1 抄见表码

抄表时间	总表	分表
6月底抄见表码	610	3829
5月底抄见表码	450	3605

解 总用电量 = 50/5 × (610 - 450) = 1 600(kW·h)

居民生活用电量 = 3 829 - 3 605 = 224(kW·h)

动力用电量 = 总用电量 - 居民生活用电量 = 1 600 - 224 = 1 376(kW·h)

动力电费 = 1 376 × 0.706 = 971.46(元)

居民生活电费 = 224 × 0.588 + (224 - 200) × 0.05 = 132.91(元)

总电费 = 971.46 + 132.91 = 1 104.37(元)

答:客户本月总电费为1 104.37元。

【例3.2.7】 某执行居民合表电价的客户,2019年2月抄表码为00259,3月抄表码为00610,请问该客户2019年3月的电费是多少?

解 3月总电量 = 610 - 259 = 351(kW·h)

总电费 = 351 × (0.588 + 0.016) = 212.00(元)

答:3月电费为212元。

【任务指导】

表 3.2.2　居民客户电费计算任务指导书

任务名称	居民客户阶梯电费计算		学时	2 课时
任务描述	经现场核实,某执行居民阶梯电价的客户,2019 年 3 月抄表时误将实际抄码 2170 错录入为 2778,造成多抄录电量,已知上月抄表码为 2170,请问应退补的电量电费是多少?			
任务要求	按居民客户阶梯电价政策及有关规定计算居民客户的月电费。			
注意事项	电量保留到整数,电费保留 2 位小数。			

任务实施步骤:

1. 风险点辨识

阶梯电价的执行、差错电费计算。

2. 作业前准备

电价表、阶梯电价政策文件、计算器和笔。

3. 操作步骤及质量标准

(1)电量计算

基准电量计算→客户抄表季节确定→分档电量计算。

(2)电费计算:

①计算本月实际应收电费:基准电费计算→分档电费计算→合计电费计算。

②计算本月已发行电费:基准电费计算→分档电费计算→合计电费计算。

③计算差错电费:按照退补规定,电量电费退到每档。

【任务评价】

表 3.2.3　居民客户电费计算任务评价表

姓名		班级		学号			
开始时间		结束时间		标准分	100 分	得分	
任务名称			居民客户电费计算				
序号	步骤名称	质量要求	满分(分)	评分标准		扣分原因	得分
1	实际应收电费计算	依据抄表月份正确确定阶梯电费。	30	错一处扣 10 分。			

续表

序号	步骤名称	质量要求	满分(分)	评分标准	扣分原因	得分
2	已发行电费的计算	计算正确。	30	电价错误扣 10 分,电费计算错误一处扣 10 分。		
3	差错电费计算	计算正确。	40	错一处扣 10 分。		
	教师(签名)		总分(分)			

任务 3.3　单一制专变客户电费计算

【任务目标】

1. 能正确执行客户的电价标准。

2. 能正确计算单一制专变客户的抄见电量、变损电量、结算电量和电度电费、功率因数调整电费等。

3. 能正确解答客户对电费计算数据的有关疑问。

【任务描述】

本任务为单一制专变客户的电费计算。要求根据电价政策和湖南省电费计算有关规定正确计算 100 kV·A 以上的一般工商业客户的月电费。

【相关知识】

3.3.1　单一制专变客户电量计算

1)执行峰谷分时电价客户抄见电量计算

当执行一般工商业及其他电价的专变客户容量达到 100 kV·A 时,则需要执行分时电

价政策,装设分时电能表分别记录各时段的用电量。各时段的抄见电量计算公式为:

总有功抄见电量 =(总有功本月示数 – 总有功上月示数)× 综合倍率

总无功抄见电量 =(总无功本月示数 – 总无功上月示数)× 综合倍率

尖峰抄见电量 =(尖峰本月示数 – 尖峰上月示数)× 综合倍率

高峰抄见电量 =(高峰本月示数 – 高峰上月示数)× 综合倍率

低谷抄见电量 =(低谷本月示数 – 低谷上月示数)× 综合倍率

平段抄见电量 = 总抄见电量 – 尖峰抄见电量 – 高峰抄见电量 – 低谷抄见电量

需要注意的是,由于分时电能表的总表码并不一定等于尖、峰、平、谷四时段的表码之和,因此平段抄见电量不用平段码差与其倍率相乘,而是用总有功抄见电量减去其他三段抄见电量。

【例 3.3.1】　某一般工商业客户由 10 kV 线路供电,高压侧产权分界处计量,电流互感器变比 20/5,变压器容量为 160 kV·A,该用户 3 月底和 4 月底的抄表数据见表 3.2.1。请计算该户 4 月份各分时结算电量及总结算电量。

表 3.3.1　一般工商业客户抄表数据表

月份	总有功	尖峰	高峰	低谷	平段	总无功
3 月	712	145	250	125	192	338
4 月	900	175	277	149	299	366

解　综合倍率 = TA 变比 × TV 变比 = 20/5 × 10 000/100 = 400 倍

有功抄见总电量 =(900 – 712)× 400 = 75 200(kW·h)

尖峰抄见有功电量 =(175 – 145)× 400 = 12 000(kW·h)

高峰抄见有功电量 =(277 – 250)× 400 = 10 800(kW·h)

低谷抄见有功电量 =(149 – 125)× 400 = 9 600(kW·h)

平段抄见有功电量 =(900 – 712)× 400 – 10 800 – 9 600 – 12 000 = 42 800(kW·h)

无功抄见电量 =(366 – 338)× 400 = 11 200(kvar·h)

该客户各分时结算电量及总结算电量同各分时抄见电量及总抄见电量相等。

答:该客户总有功电量为 75 200 kW·h,无功电量为 11 200 kvar·h,有功尖、峰、平、谷电量分别为 12 000 kW·h、10 800 kW·h、42 800 kW·h、9 600 kW·h。

2)变压器损耗电量计算

《供电营业规则》第七十四条规定:"用电计量装置原则上应装在供电设施的产权分界处。如产权分界处不适宜装表的,对专线供电的高压客户,可在供电变压器出口装表计量;对公用线路供电的高压客户,可在客户受电装置的低压侧计量。当用电计量装置不安装在产权分界处时,线路与变压器损耗的有功与无功电量均需由产权所有者承担。在计算客户基本电费(按最大需量计收时)、电量电费及功率因素调整电费时,应将上述损耗电量计算在内。"

高供高计客户电能计量装置装设在变压器的高压侧,不用单独计算变压器损耗。

高供低计客户电能计量装置装设在变压器的低压侧,其损耗未在电能计量装置中记录,变压器损耗电量应由客户承担。

低供低计客户的变压器损耗是由供电部门承担的。

(1)变压器损耗电量计算

变压器的损耗分为有功损耗和无功损耗,并且每种损耗又包含空载损耗和负载损耗。空载损耗与变压器电源电压有关,而与所带负荷大小无关,所以又称为固定损耗,实质上是铁芯中的损耗(铁损);负载损耗是绕组中的损耗(铜损),与绕组中负荷大小有直接关系,因此称为可变损耗。变压器损耗按日计算,日用电不足24 h的,按一天计算。

变压器损耗电量计算方法主要有标准公式计算法、铁铜损系数法和查表法等。由于查表法和铁铜损系数法的计算结果都有误差,而标准公式计算法依据客户当月有功抄见电量、无功抄见电量和变压器容量及铭牌参数,按照相关计算公式计算变压器损耗电量,这种方法的优点是计算结果准确,公平合理。目前湖南省规定采用标准公式法计算变压器损耗。

变压器损耗标准公式法的计算公式为

总有功损耗电量 = 有功空载损耗 × 变压器运行时间 + 修正系数 K 值 × (有功抄见电量^2 + 无功抄见电量^2) × 有功负载损耗/(额定容量^2 × 变压器运行时间)

总无功损耗电量 = 无功空载损耗 × 变压器运行时间 + 修正系数 K 值 × (有功抄见电量^2 + 无功抄见电量^2) × 无功负载损耗/(额定容量^2 × 变压器运行时间)

其中,无功空载损耗 = 额定容量 × 空载电流百分比;

无功负载损耗 = 额定容量 × 阻抗电压百分比;

运行时间 = 实际使用天数 × 24 h。但如果是满月运行,不论大月或小月,运行时间均按720 h 计算。

修正系数 K 值,根据运行班制按下列规则确定:

一班制240 h,二班制480 h,三班制720 h,对应的修正系数 K 值分别为3,1.5,1。

【例3.3.2】 某酒店,10 kV 供电,专用变压器容量为400 kV·A,低压计量电流互感器变比为600/5,变压器参数为:空载损耗747.2 W,短路损耗4 510 W,空载电流0.747 5%,阻抗电压3.893%,该酒店运行班制为一班制。本月表码为:有功804、无功266;上月表码为:有功551、无功205。请计算该户本月的结算电量为多少?

解 (1)总表抄见电量

有功电量:AP = (804 - 551) × 120 = 30 360(kW·h)

无功电量:AQ = (266 - 205) × 120 = 7 320(kvar·h)

(2)求变损电量

有功变损 = 0.747 2 × 720 + 4.51 × 3 × (30 360^2 + 7 320^2)/(400^2 × 720) = 653(kW·h)

无功变损 = 0.747 5/100 × 400 × 720 + 3.893/100 × 400 × 3 × (30 360^2 + 7 320^2)/(400^2 × 720) = 2 548(kvar·h)

(3)求结算电量

总结算有功电量 = 抄见有功电量 + 有功变损 = 30 360 + 653 = 31 013(kW·h)

总结算无功电量 = 抄见无功电量 + 无功变损 = 7 320 + 2 548 = 9 868(kvar · h)

答:该客户总有功结算电量为 31 013 kW · h、无功结算电量为 9 868 kvar · h。

(2)变压器损耗电量分摊

①变压器损耗分摊原则。

变压器损耗电量应按用电类别和用电时段进行分摊,其中计量点是定量的不参与损耗分摊。被转供户要求分摊变压器损耗时,若与被转供户有协议,则按协议值进行计算和分摊;若没有协议,则按被转供户的抄见电量进行计算和分摊。分摊给被转供户的损耗不参与转供户的电费结算,只参与被转供户的电费结算。

②分摊方法。

对于有多种用电类别的客户,其负担的变损有功电量按各用电类别的比例分摊,即

某用电类别有功分摊损耗电量 = 某用电类别抄见有功电量/总有功抄见电量 × 总有功损耗电量

对实行峰谷分时电价的客户,其负担的变损有功电量按各时段的用电比例分摊,即

某时段有功分摊损耗电量 = 该时段抄见有功电量/总有功抄见电量 × 总有功损耗电量

按抄见电量比例分摊的损耗电量之和与总有功损耗电量不等时,差异损耗电量放在平段电量。即平段损耗电量 = 总损耗电量 – 尖峰分摊损耗电量 – 高峰分摊损耗电量 – 低谷分摊损耗电量。

当总电量为零,变压器损耗按容量分摊。

【例 3.3.3】　某村安装一台 100 kV · A 的综合用电变压器,采用高供低计方式计量。本月抄表,居民生活用电 2 600 kW · h,工副业用电 25 800 kW · h,农业生产用电 12 800 kW · h。求本月各用电类别分摊的变损电量及其结算电量各为多少?（已知变压器的有功变损电量为 1 152 kW · h）

解　居民生活用电变损分摊电量 $= \dfrac{2\ 600}{2\ 600 + 25\ 800 + 12\ 800} \times 1\ 152 = 73(kW \cdot h)$

工副业用电变损分摊电量 $= \dfrac{25\ 800}{2\ 600 + 25\ 800 + 12\ 800} \times 1\ 152 = 721(kW \cdot h)$

农业生产用电变损分摊电量 $= \dfrac{12\ 800}{26\ 00 + 25\ 800 + 12\ 800} \times 1\ 152 = 358(kW \cdot h)$

居民生活用电结算电量 = 2 600 + 73 = 2 673(kW · h)

工副业用电结算电量 = 25 800 + 721 = 26 521(kW · h)

农业生产用电结算电量 = 12 800 + 358 = 13 158(kW · h)

答:该客户居民生活电量为 2 673 kW · h、工副业用电 26 251 kW · h、农业生产用电 13 158 kW · h。

3)执行峰谷电价客户结算电量计算

总有功结算电量 = 总有功抄见电量 + 总有功损耗电量

总无功结算电量 = 总无功抄见电量 + 总无功损耗电量

尖峰结算有功电量 = 尖峰抄见电量 + 尖峰分摊损耗电量

高峰结算有功电量 = 高峰抄见电量率 + 高峰分摊损耗电量

低谷结算有功电量 = 低谷抄见电量 + 低谷分摊损耗电量

平段结算有功电量 = 总有功结算电量 − 尖峰结算有功电量 − 高峰结算有功电量 − 低谷结算有功电量

4)电量扣减

有多类用电性质的综合计量客户,当计量关系为总分关系时,其分表电量需要从总表电量中扣减,电量扣减的计算按是否装设分时电能表和执行分时电价可分为四种情况。

（1）总表和分表都不分时

总表剩余电量 = 总表电量 − 分表电量

（2）总表分时,分表不分时

依据湘价重〔2004〕90 号文规定:分表居民电量从总表的尖峰电量中扣除 30% ,平段电量中扣除 60% ,低谷电量扣除 10% 。分表为农业生产、转供电的在总表平段扣除。

不需要执行分时电价的一般工商业及其他的分表电量或定比定量在总表平段扣减,执行平段电价。

若定比定量的一般工商业及其他用电设备容量达到 100 kW 及以上时,需执行峰谷分时电价,则按总表各时段比例计算各时段电量。

（3）总表和分表都是分时表

总表剩余电量按时段对应扣减电量。

（4）总表不分时,分表是分时表

总表剩余电量 = 总表电量 − 分表总电量

【例 3.3.4】 某厂动力用电采用 10 kV 供电,变压器容量为 315 kV·A,高压侧计量,装设一块总表计量其动力用电。另装设一块分表,计量其职工宿舍用电,6 月抄见电量见表 3.3.2。请计算动力总电量及各时段电量。

表 3.3.2 6 月抄见电量数据表

工业总表(kW·h)						分表居民(kW·h)
总有功	尖峰	高峰	低谷	平段	总无功	总有功
16 240	240	10 080	320	5 600	9 680	500

解 动力总电量 = 16 240 − 500 = 15 740 (kW·h)

动力尖峰电量 = 240 − 500 × 30% = 90(kW·h)

动力高峰电量 = 10 080(kW·h)

动力低谷电量 = 320 − 500 × 10% = 170(kW·h)

动力平段电量 = 15 740 − 90 − 10 080 − 170 = 5 400(kW·h)

答:动力总电量为 15 740 kW·h,动力尖、峰、平、谷电量分别为 90 kW·h、10 080 kW·h、5 400 kW·h、170 kW·h。

3.3.2　单一制专变客户电费计算

1）单一制专客户电费构成

执行单一制电价客户,无基本电费。当该类客户受电容量达到 100 kV·A 及以上时,需执行功率因数调整电费,这样其电费由电度电费、功率因数调整电费和代征费三部分构成;当该类客户受电容量小于 100 kV·A 时,不执行功率因数调整电费,其电费由电度电费和代征费两部分构成,其计算方法同居民生活用电客户。

2）电度电费计算

分时电价客户电度电费的计算公式

$$电度电费\,i = 结算有功电量\,i × 目录电度电价单价\,i$$

其中,i 代表各时段,可以是尖峰、高峰、平段、低谷。

$$分时电价客户电度电费 = \sum 电度电费\,i$$

目前湖南省执行尖、峰、平、谷四费率分时电价,依据湘价电〔2011〕99 号文件,湖南省自 2011 年 6 月 1 日起峰谷分时电价浮动幅度调整为按固定金额浮动,即尖峰时段在平段电价基础上浮 0.25 元/(kW·h);高峰时段在平段电价基础上浮 0.15 元/(kW·h);低谷时段在平段电价基础下降 0.2 元/(kW·h)。

【例 3.3.5】　某厂动力用电采用 10 kV 供电,在低压侧计量,变压器容量为 250 kV·A,电流互感器变比 400/5。5、6 月份抄表表码见表 3.3.3。试计算该客户 6 月份电度电费,已知变压器有功损耗 858 kW·h,无功损耗 8 074 kvar·h,电度电价为 0.683 元/kW·h。

表 3.3.3　5、6 月份抄表表码数据表

月份	有功总码	尖峰表码	高峰表码	低谷表码	平段表码	无功表码
6 月	6 102.2	1 496.2	2 268	931.2	1 403.8	3 644
5 月	5 922.2	1 466.2	2 228	891.2	1 333.8	3 564

解　(1)抄见电量计算

倍率 = 400/5 = 80

总有功抄见电量 = (6 102.2 − 5 922.2) × 80 = 180 × 80 = 14 400(kW·h)

尖峰抄见电量 = (1 496.2 − 1 466.2) × 80 = 30 × 80 = 2 400(kW·h)

高峰抄见电量 = (2 268 − 2 228) × 80 = 40 × 80 = 3 200(kW·h)

低谷抄见电量 = (931.2 − 891.2) × 80 = 40 × 80 = 3 200(kW·h)

平段抄见电量 = (180 − 30 − 40 − 40) × 80 = 5 600(kW·h)

(2)有功变损分摊电量

尖峰分摊 = 2 400/14 400 × 858 = 143(kW·h)

高峰分摊 $= 3\ 200/14\ 400 \times 858 = 191(kW \cdot h)$

低谷分摊 $= 3\ 200/14\ 400 \times 858 = 191(kW \cdot h)$

平段分摊 $= 858 - 143 - 191 - 191 = 333(kW \cdot h)$

（3）结算电量计算

总有功结算电量 $= 14\ 400 + 858 = 15\ 258(kW \cdot h)$

尖峰有功结算电量 $= 2\ 400 + 143 = 2\ 543(kW \cdot h)$

高峰有功结算电量 $= 3\ 200 + 191 = 3\ 391(kW \cdot h)$

平段有功结算电量 $= 3\ 200 + 191 = 3\ 391(kW \cdot h)$

低谷有功结算电量 $= 5\ 600 + 333 = 5\ 933(kW \cdot h)$

（4）电度电费计算

尖峰电度电费 $= 2\ 543 \times (0.683 + 0.25) = 2\ 372.62(元)$

尖峰电度电费 $= 3\ 391 \times (0.683 + 0.15) = 2\ 824.70(元)$

平段电度电费 $= 3\ 391 \times 0.683 = 2\ 316.05(元)$

低谷电度电费 $= 5\ 933 \times (0.683 - 0.2) = 2\ 865.64(元)$

总电度电费 $= 2\ 372.62 + 2\ 824.70 + 2\ 316.05 + 2\ 865.64 = 10\ 379.01(元)$

答：该客户 6 月份电度电费为 10 379.01 元。

3）功率因数调整电费计算

（1）功率因数的概念

功率因数一般也称力率，用 $\cos \phi$ 表示，即 $\cos \phi = P/S$，功率因数是有功功率与视在功率的比值。客户的视在功率一定时，功率因数越高，其有功功率就越高。

（2）提高功率因数的意义

客户功率因数的高低对发、供、用电的经济性和电能使用的社会效益有着重要影响。提高和稳定用电功率因数，能够改善电压质量，降低供配电网络的电能损失，提高发供电设备利用率，减少电力设施的投资和节约有色金属，减少用电企业的电费支出。因此，提高功率因数能够使供用电双方和社会都能取得最佳的经济效益。

（3）企业提高功率因数的方法

提高企业功率因数的主要方法是在提高自然功率因数的基础上进行无功补偿，减少各用电设备所需要的无功功率。

①提高自然功率因数。合理性选择电气设备的容量并减少所取用的无功功率，是改善功率因数的基本措施，这是一种最经济有效的方法。其具体方法是：合理选配用电设备的容量，做好配套工作；减少或限制轻载或空载运行的用电设备；合理调整各工艺流程，改善用电设备的运行状况；对经常性变动和周期性变动负荷的电动机，采取调速装置，尤其是采用变频调速，使电动机运行在最经济状态，以提高自然功率因数。

②人工补偿法提高功率因数。当采用提高自然功率因数的方法还是达不到所要求的功率因数时，则可以通过采用人工补偿法来进一步提高功率因数，即装设无功补偿设备，如同期调相机、并联电容器、静止补偿装置等。

（4）功率因数考核标准及适用范围

为了减少功率因数低带来的影响，在客户的用电过程中需要进行功率因数考核，计算功率因数调整电费，利用经济杠杆的作用促使客户采取措施使其功率因数能达到规定的标准。

① 0.90 功率因数标准：适用于 160 kV·A 以上的高压供电工业用户（包括社队工业用户），装有带负荷调整电压装置的高压供电电力用户和 3 200 kV·A 及以上的高压供电电力排灌站。

② 0.85 功率因数标准：适用于 100 kV·A(kW) 及以上的其他工业用户（包括社队工业用户）、100 kV·A(kW) 及以上的非工业用户和 100 kV(kW) 及以上的电力排灌站。

③ 0.80 功率因数标准：适用于 100 kV·A(kW) 及以上的农业用户和趸售用户，但大工业用户未划由电业局直接管理的趸售用户，功率因数标准应为 0.85。

需要补充的是，由于非居民照明和商业照明与非普工业用电合并为一般工商业及其他用电。因此，目前对于 100 kV·A(或 kW) 及以上的非居民和商业用户执行功率调整电费，且执行 0.85 的功率因数标准。

（5）功率因数计算

凡实行功率因数调整电费的客户，应装设带有防倒装置的无功电能表，按客户每月实际使用的有功电量和无功电量计算月加权平均功率因数，计算公式为

$$\cos \varphi = \frac{A_P}{\sqrt{A_P^2 + A_Q^2}} = \frac{1}{\sqrt{1 + \frac{A_Q^2}{A_P^2}}}$$

式中　A_P——实际使用的有功电量，kW·h；

　　　A_Q——倒送的无功电量与实际使用的无功电量的绝对值之和，kvar·h。

也可先计算有功电量与无功电量之比，即 $\tan \phi = A_Q/A_P$，再查 $\tan \phi$ 与 $\cos \phi$ 对照表，得到月平均功率因数 $\cos \phi$ 值。

（6）功率因数调整电费计算

功率因数调整电费 = （电度电费 + 基本电费）× 功率因数增减百分比

在计算功率因数调整电费时，需要注意以下几点：

①代征电费不参加功率因数调整电费计算。

②总表内的居民生活照明电量，参加功率因数计算，但其电费不参加功率因数电费调整。

③对已批准同意降低功率因数标准的客户，如果实际功率因数高于降低后的标准时，不予减收电费，但低于降低后的标准，则应增收电费。

④功率因数应按客户全月电量进行计算，若客户用电性质改变引起考核标准变化，则功率因数按客户全月电量进行计算，调整标准分段计算。

⑤同类（非居民、商业、非、普通工业电价为同一类）合计用电容量在 100 kV·A(kW) 及以上执行峰谷分时电价、实行力调考核。功率因素考核标准按客户非居民、商业等各类用电性质和用电容量分别确定。

【例 3.3.6】 某工业客户,10 kV 供电,有载调压变压器容量为 160 kV·A,装有有功电能表和双向无功电能表各 1 块。已知某月该客户有功电能表抄见电量为 40 000 kW·h,无功电能表抄见电量为正向 25 000 kvar·h,反向 5 000 kvar·h。该客户当月功率因数调整电费为多少?

解 该客户当月无功电量 = 25 000 + 5 000 = 30 000(kvar·h)

月平均功率因数

$$\cos\varphi = \frac{A_P}{\sqrt{A_P^2 + A_Q^2}}$$
$$= \frac{40\ 000}{\sqrt{40\ 000^2 + 30\ 000^2}} = 0.8$$

由于变压器为有载调压方式,因此客户执行的功率因数标准为 0.9,查功率因数调整电费表附录一,得该客户的调整比例为 5.0%。且该客户为普工业,电价为 0.683 元/(kW·h),无基本电费。

功率因数调整电费 = 40 000 × 0.683 × 5.0% = 1 366(元)

答:客户当月功率因数调整电费 1 366 元。

3.3.3 电费计算综合案例

【例 3.3.7】 某船舶厂,三班制生产。本厂装有 S11-250 变压器一台,10 kV 供电,采用高供低计方式进行计量,根据供用电合同,总表执行非普工业,装设一块生活套表,抄码见表 3.3.4。试求 2019 年 4 月电费(按标准公式法计算变损电量)。已知一般工商业电度电价为 0.683 元/(kW·h),居民生活电价为 0.573 元/(kW·h),农网还贷基金 0.02 元/(kW·h),水库移民扶持基金 0.006 7 元/(kW·h),可再生能源附加 0.019 元/(kW·h),重大水利工程建设基金 0.002 1 元/(kW·h)。

表 3.3.4 3、4 月份抄表表码数据表

月份	总表有功	总表无功	尖峰	高峰	谷段	平段	套表	空载有功损耗功率	空载无功损耗功率
	倍率80	倍率80	倍率80	倍率80	倍率80	倍率80	倍率1	0.4	2
4 月	1 715.5	1 513.8	36	1 023.5	59.8	596.2	806	短路有功损耗功率	短路无功损耗功率
3 月	1 512.5	1 392.8	33	897.5	55.8	526.2	496	3.05	10

解 (1)抄见电量计算

总有功抄见电量 = (1 715.5 − 1 512.5) × 80 = 16 240(kW·h)

总无功抄见电量 = (1 513.8 − 1 392.8) × 80 = 9 680(kvar·h)

居民生活抄见电量 = 806 − 496 = 310(kW·h)

总表各时段电量

尖峰抄见电量 $= (36 - 33) \times 80 = 240 (kW \cdot h)$

高峰抄见电量 $= (1\ 023.5 - 897.5) \times 80 = 10\ 080 (kW \cdot h)$

低谷抄见电量 $= (59.8 - 55.8) \times 80 = 320 (kW \cdot h)$

平段抄见电量 $= 16\ 240 - 240 - 10\ 080 - 320 = 5\ 600 (kW \cdot h)$

(2)变损电量计算

有功变损 $= 0.4 \times 24 \times 30 + 1 \times (16\ 240 \times 16\ 240 + 9\ 680 \times 9\ 680) \times 3.05/(250 \times 250 \times 24 \times 30) = 312 (kW \cdot h)$

无功变损 $= 2 \times 24 \times 30 + 1 \times (16\ 240 \times 16\ 240 + 9\ 680 \times 9\ 680) \times 10/(250 \times 250 \times 24 \times 30) = 1\ 519\ (kvar \cdot h)$

(3)结算电量计算

总有功结算电量 $= 16\ 240 + 312 = 16\ 552 (kW \cdot h)$

总无功结算电量 $= 9\ 680 + 1\ 519 = 11\ 199 (kvar \cdot h)$

居民生活结算电量 $= 310 + 310/16\ 240 \times 312 = 316 (kW \cdot h)$

工业总结算电量 $= 16\ 552 - 316 = 16\ 236 (kW \cdot h)$

其中:尖峰结算电量 $= 240 + 240/16\ 240 \times 312 - 316 \times 30\% = 150 (kW \cdot h)$

高峰结算电量 $= 10\ 080 + 10\ 080/16\ 240 \times 312 = 10\ 274 (kW \cdot h)$

低谷结算电量 $= 320 + 320/16\ 240 \times 312 - 316 \times 10\% = 295 (kW \cdot h)$

平段结算电量 $= 16\ 236 - 150 - 10\ 274 - 295 = 5\ 517 (kW \cdot h)$

(4)电度电费计算

居民生活电度电费 $= 316 \times 0.573 = 181.07 (元)$

工业电度电费:

尖峰电度电费 $= 150 \times (0.683 + 0.25) = 139.95 (元)$

高峰电度电费 $= 10\ 274 \times (0.683 + 0.15) = 8\ 558.24 (元)$

低谷电度电费 $= 295 \times (0.683 - 0.2) = 142.49 (元)$

平段电度电费 $= 5\ 517 \times 0.683 = 3\ 768.11 (元)$

工业总电度电费 $= 139.95 + 8\ 558.24 + 142.49 + 3\ 768.11 = 12\ 608.79\ (元)$

(5)功率因数调整电费计算

$\tan \varphi =$ 总无功电量/总有功电量 $= (9\ 680 + 1\ 519)/16\ 552 = 0.677$。

查表得功率因数 $= 0.83$,该客户执行功率因数标准为 0.9,功率因数调整百分比 $= 3.5\%$。

功率因数调整电费 $= 12\ 608.79 \times 3.5\% = 441.31 (元)$

(6)代征电费计算

代征电费 $= 16\ 552 \times (0.02 + 0.006\ 7 + 0.019 + 0.002\ 1) = 791.19 (元)$

4月应收电费 $= 12\ 608.79 + 441.31 + 791.19 + 181.07 = 14\ 022.29 (元)$

答:4月份电费 14 022.29 元。

【任务指导】

表3.3.5　单一制专变客户电费计算任务指导书

任务名称	动力客户电费计算		学时	2课时
任务描述	某电气设备制造厂10 kV供电,变压器容量为250 kV·A,高供高计,电流互感器的变比为30/5。如果该户8月底抄见有功总表码为315,无功总表码为119,有功尖峰表码,有功高峰表码,有功平段表码和有功低谷表码分别为25、56、56、89;7月底抄见有功总表码为115,无功总表码为19,有功尖峰表码、有功高峰表码、有功平段表码和有功低谷表码分别为5、6、6、9;该客户本月应缴多少电费?			
任务要求	1.分小组配合作业。 2.依据电价政策和有关电费计算规定正确计算客户的电费。			
注意事项	每位学员应认真学习有关电费计算规定,计算的电量保留整数,电费保留2位小数。			

任务实施步骤:

1.风险点辨识

电价的执行、电量的计算、变线损计算及分摊、力调电费计算。

2.作业前准备

(1)资料准备:电价政策、功率因数调整标准等资料。

(2)登录营销系统,抄表段签收等。

3.操作步骤及质量标准

抄表段提交—抄表段签收—电量电费计算—电量电费核查—异常处理—电费发行。

4.清理现场

关闭营销系统、整理相关资料。

【任务评价】

表3.3.6　单一制专变客户电费计算任务评价表

姓名		班级		学号			
开始时间		结束时间		标准分	100分	得分	
任务名称		单一制专变客户电费计算					
序号	步骤名称	质量要求		满分(分)	评分标准	扣分原因	得分
1	抄表段签收	1.查看抄表段提交情况,应督促抄表员按规定时限提交;		10	未检查扣10分。		

续表

序号	步骤名称	质量要求	满分(分)	评分标准	扣分原因	得分
1	抄表段签收	2.应检查抄表段户数的完整性,避免漏核或重复发行。	10	未检查扣10分。		
2	电量电费计算	1.计算抄见电量; 2.计算变损电量; 3.计算结算电量; 4.计算电度电费; 5.计算功率因数调整电费; 6.计算代征电费; 7.计算总电费。	60	每错一处扣5分。		
3	电量电费核查	1.核查各时段表计电量; 2.核查供电方式、计量方式、计费方式与合同及营销业务工单是否一致; 3.核查变损电量; 4.核查电价; 5.核查功率因数及力调电费。	15	核查不全面,酌情扣2~5分。		
4	异常处理	处理电费审核异常。	10	未处理扣10分,处理不对或不全扣2~5分。		
5	电费发行	发行正确电量电费。	5	未发行扣5分。		
教师(签名)			总分(分)			

任务 3.4   两部制专变客户电费计算

【任务目标】

1.能正确执行客户的电价标准。

2.能正确计算大工业客户的基本电费、电度电费、功率因数调整电费等。

【任务描述】

本任务为执行两部制电价的大工业客户电费计算,要求根据电价政策和湖南省电费计算有关规定正确计算大工业客户电费。

【相关知识】

3.4.1 大工业用电客户电费构成

目前,我国对变压器容量在 315 kV·A 及以上的大工业客户执行两部制电价,即分为基本电价和电度电价,并且大工业客户还必须执行功率因数调整电费,因此大工业客户的电费包含了电量电费、基本电费、功率因数调整电费以及代征费四部分,即

大工业电费 = 电量电费 + 基本电费 + 功率因数调整电费 + 代征费

3.4.2 线损电量计算

电量电费计算方法与前单一电价客户相同,下面介绍线路损耗电量计算方法。

电能计量装置应装在产权分界处,如不装在产权分界处,则线路损失电量应由产权所有者负担。线损电量计算包括两个环节:一是计算线路损耗电量;二是线损电量的分摊。

1)线损电量计算

线损电量计算方法通常有标准公式法和线损系数法两种。

(1)标准公式法

标准公式法计算线损采用线路参数和用电量公式计算。

$$总有功线损 = \frac{RL \times 10^{-3}}{U_N^2 \times T} \times (A_P^2 + A_Q^2)$$

$$总无功线损 = \frac{X_T L \times 10^{-3}}{U_N^2 \times T} \times (A_P^2 + A_Q^2)$$

式中　　R——单位长度线路电阻,Ω/km;

　　　　X_T——单位长度线路电抗,Ω/km;

　　　　L——线路长度,km;

U_N——线路额定电压, kV;

T——线路运行时间, h;

A_P——通过线路的有功电量, kW·h;

A_Q——通过线路的无功电量, kvar·h。

(2)线损系数法

按线损系数计算法计算线损时,不但应计算有功线损,还应计算无功线损,如与客户有约定的按约定处理,无约定的可按无功线损 = 有功线损处理。无约定时,线损系数法计算:

总有功线损 = (总有功抄见电量 + 总有功变损)×线损系数

总无功线损 = 总有功线损

若客户的计量方式是高供高计,则式中变压器损耗为零。

2)线损电量分摊

线损电量分摊与变压器损耗电量分摊方法相同。其中一条专线下面存在多个客户情况的线路损耗分摊方法如下:

①若与客户有协议,则按协议值分摊线损。

②若与客户无协议,则按客户用电量与总用电量的比例分摊。

③若与客户无协议且客户总电量为零时,则按客户容量分摊线损。

各时段线损电量按电量比例分摊,将变损线损电量分摊合在一起计算分摊,公式为

分摊的损耗电量 = (分表抄见电量/总表抄见电量)×总损耗电量

【例 3.4.1】 某纺织厂 10 kV 高压供电,16 000 kV·A 用电,高压计量,两班生产,按标准公式法计算线损。已知线路长度为 10 km,电阻为 0.24 Ω/km、电抗为 0.26 Ω/km,2019 年 6 月有功电量为 2 500 000 kW·h,无功电量为 520 000 kW·h,求该客户当月结算电量。

解 (1)有功线损电量 $= \dfrac{KRL \times 10^{-3}}{U^2 T} \times (A_P^2 + A_Q^2) = \dfrac{1.5 \times 0.24 \times 10 \times 10^{-3}}{110^2 \times 720} \times (2\,500\,000^2 +$

$520\,000^2) = 2\,694(kW \cdot h)$

(2)无功线损电量 $= \dfrac{KX_L \times 10^{-3}}{U_N^2 t}(A_P^2 + A_Q^2) = \dfrac{1.5 \times 0.26 \times 10 \times 10^{-3}}{110^2 \times 720}(2\,500\,000^2 +$

$520\,000^2) = 2\,919(kvar \cdot h)$

(3)结算电量

有功结算电量 = 2 500 000 + 2 694 = 2 502 694(kW·h)

无功结算电量 = 520 000 + 2 919 = 522 919(kvar·h)

答:客户当月有功结算电量 2 502 694 kW·h、无功结算电量 522 919 kvar·h。

【例 3.4.2】 某大工业用户总容量为 500 kV·A,10 kV 供电,高供低计,三班制生产,按容量收基本电费,变损按标准公式法计算,线损系数为 2%。变压器参数及 5 月抄见电量见表 3.4.1。试求该户 2019 年 5 月各时段计费电量。

表 3.4.1 5 月抄见电量数据表

	总	尖峰	高峰	谷段	平段
有功功率 （kW·h）	149 000	1 700	6 500	120 000	20 800
无功功率 （kvar·h）	47 800				
变压器参数	容量（kV·A）	有功空载损耗	有功负载损耗	无功空载损耗	无功负载损耗
	500	1.08	6.9	9.5	20

解 （1）变线损计算

有功变损 $= 1.08 \times 720 + 1 \times (149\ 000^2 + 47\ 800^2) \times 6.9/(500^2 \times 720) = 1\ 716 (kW \cdot h)$

无功变损 $= 9.5 \times 720 + 1 \times (149\ 000^2 + 47\ 800^2) \times 20/(500^2 \times 720) = 9\ 561 (kvar \cdot h)$

有功线损电量 $= (149\ 000 + 1\ 716) \times 0.02 = 3\ 014 (kW \cdot h)$

无功线损电量 $= (149\ 000 + 1\ 716) \times 0.02 = 3\ 014 (kvar \cdot h)$

（2）各时段结算电量

总有功结算电量 $= 149\ 000 + 1\ 716 + 3\ 014 = 153\ 731 (kW \cdot h)$

总无功结算电量 $= 47\ 800 + 9\ 561 + 3\ 014 = 60\ 375 (kvar \cdot h)$

尖峰电量 $= [1\ 700 + (1\ 700/149\ 000) \times 1\ 716] \times (1 + 0.02) = 1\ 754 (kW \cdot h)$

高峰电量 $= [6\ 500 + (6\ 500/149\ 000) \times 1\ 716] \times (1 + 0.02) = 6\ 706 (kW \cdot h)$

低谷电量 $= [120\ 000 + (120\ 000/149\ 000) \times 1\ 716] \times (1 + 0.02) = 123\ 810 (kW \cdot h)$

平段电量 $= 153\ 731 - 1\ 754 - 6\ 706 - 123\ 810 = 21\ 461 (kW \cdot h)$

3.4.3 基本电费计算

基本电费是根据客户变压器的容量（包括不通过变压器的高压电动机的容量）或最大需量和国家批准的基本电价计收的电费。

1）按变压器容量计算基本电费

基本电费 = 变压器运行容量 × 容量基本电价

2）按最大需量计算基本电费

基本电费 = 最大需量 × 需量基本电价

目前，湖南省规定容量基本电价为 20 元/（kVA·月），需量基本电价为 30 元/（kW·月）。

依据发改价商〔2016〕704 号文和湘发改价商〔2018〕732 号，按最大需量计算有两种方式，即按合同最大需量计算和按实际最大需量计算。

①合同最大需量：电力用户应与电网企业签订合同，并以合同中确定的最大需量计收基

本电费。合同最大需量核定值变更周期从现行按半年调整为按月变更。

用户实际最大需量超过合同确定值 105% 时,超过 105% 部分的基本电费加一倍收取;未超过合同确定值 105% 的,按合同确定值收取。

②实际最大需量:以计量装置记录的最大需量值为依据计收。

3)基本电费计算的相关规定

①两部制电力用户可自愿选择按变压器容量、合同最大需量或实际最大需量缴纳基本电费,电力部门不得指定客户的计费方式。依据湘发改价商〔2016〕704 号文,基本电费的计费方式确定后,客户可提前 15 个工作日按季度或三个抄表周期通过营业厅或线上渠道申请变更基本电价计费方式。

②以变压器容量计算基本电费的客户,对备用的变压器(包括不通过变压器的高压电动机),属于冷备用状态并经供电企业加封的,不收基本电费;属于热备用状态或未经加封的,不论使用与否都计收基本电费。客户专门为调整功率因数的设备,如电容器、调相机等,不计收基本电费。

③在受电装置一侧有连锁装置互为备用的变压器(含高压电机),按可能同时使用的变压器(含高压电机)容量之和的最大值计算基本电费。

④对于按变压器容量计收基本电费的用户,实际正常用电负荷(不含启动负荷)超过铭牌容量的 20% 的应按最大需量计收基本电费。

⑤依据《关于两部制电价及峰谷分时电价等有关问题的通知》(湘发改价商〔2018〕732号),对于按需量计收基本电费的用户,取消最大需量 40% 下限限制。

⑥对于按需量计收基本电费的客户,按尖峰平谷四时段需量的最大值计收基本电费。

⑦对按最大需量计费的两路及以上进线用户,各路进线分别计算最大需量,累加计收基本电费。

⑧对于计收变线损的客户,应计算该户的变线损需量。线损和变损需量应分开计算,公式为:

变损需量 =(变损电量/总表抄见电量)× 抄见需量

线损需量 =[线损电量/(总表抄见电量 + 变损电量)]×(抄见需量 + 变损需量)

⑨计算转供用户电量、最大需量及功率因数调整电费时,应扣除被转供户、公用线路与变压器消耗的有功、无功电量。如转供户为按最大需量计算基本电费,需将被转供户的电量折算成最大需量扣除。最大需量按下列规定折算。

a. 照明及一班制客户:每月用电量 180 kW·h,折合为 1 kW;

b. 两班制客户:每月用电量 360 kW·h,折合为 1 kW;

c. 三班制客户:每月用电量 540 kW·h,折合为 1 kW;

d. 四班制客户:每月用电量 720 kW·h,折合为 1 kW。

⑩客户变更用电时基本电费计算的相关规定:

新装、增容、变更与终止用电,按实用天数计算基本电费,即每日按全月基本电费的 1/30 计算,不足一天的按一天计算。事故停电、检修停电和计划限电不扣减基本电费。一般情况如下：

$$基本电费 = 全月基本电费 \times 变压器实际运行天数/30$$

需要注意：抄表例日当天纳入本月基本电费计算，变压器投运当日计算基本电费，停运当日不收基本电费。

依据湘发改价商〔2016〕704 号文，调整基本电费收费政策，放宽减容（暂停）期限限制：

a. 电力用户（含新装、增容用户）申请减容、暂停用电，取消次数限制。电力用户减容两年内恢复的，按减容恢复办理；超过两年的按新装或增容手续办理。

b. 电力用户申请暂停时间每次应不少于 15 日，每一日历年内累计不超过 6 个月，超过 6 个月的可由用户申请办理减容，减容期限不受时间限制。

c. 减容（暂停）后容量达不到实施两部制电价规定容量标准的，应改为相应用电类别单一制电价计费，并执行相应的分类电价标准。减容（暂停）后执行最大需量计量方式的，合同最大需量按照减容（暂停）后总容量申报。

d. 减容（暂停）设备自设备加封之日起，减容（暂停）部分免收基本电费。

e. 暂停时间少于 15 天者，暂停期间基本电费照收。

【例 3.4.3】 某棉纺厂 400 kV·A 受电变压器，按最大需量计收基本电费，该厂 6 月份实际最大需量为 100 kW，请问该客户当月基本电费是多少？

解 由于取消最大需量 40% 下限，按实际最大需量计收基本电费。

所以 6 月份基本电费 $= 100 \times 30 = 3\ 000$（元）

答：该客户 6 月基本电费为 3 000 元。

【例 3.4.4】 某工业客户有 400 kV·A、500 kV·A 变压器各一台，其中 400 kV·A 变压器从 2019 年 3 月 4 日正式启用，合同约定每月 25 日抄表结算电费，约定按容量计算基本电费。问该客户 3 月份基本电费是多少？

解 3 月份基本电费计算周期为 2 月 26 日至 3 月 25 日。500 kV·A 变压器使用了完整的一个月，因此按正常月计收基本电费；400 kV·A 变压器使用天数为 $25 - 4 + 1 = 22$ 天，其基本电费按实际使用天数计收。

$$基本电费 = 500 \times 20 + (400 \times 20) \times 22/30 = 15\ 866.67（元）$$

答：本月基本电费为 15 866.67 元。

【例 3.4.5】 某自来水厂，10 kV 受电，有一台 320 kV·A 变压器，2019 年 4 月 15 日该水厂临时减容为一台 250 kV·A 变压器，该客户抄表例日为每月 25 日，请问该客户 4 月份的基本电费是多少？

解 减容后容量达不到两部制电价标准容量，改为单一制，不收基本电费，因此只计算减容前的基本电费，计算时间为 3 月 26 日—4 月 14 日，共 20 天。

$$基本电费 = 320 \times 20/30 \times 20 = 9\ 600（元）$$

答：该客户 4 月基本电费为 9 600 元。

【例 3.4.6】 某大工业电力用户，10 kV 供电，高供高计，按容量计收基本电费，TA 变比为 200/5，有 3 台受电变压器，T_1、T_2、T_3 容量分别是 $S_1 = 400$ kV·A，$S_2 = 500$ kV·A，$S_3 =$

200 kV·A。2019 年 3 月份抄表结算时,最大需量抄见 0.35,问该客户 3 月份基本电费是多少?

解　该客户总容量 $= 400 + 500 + 200 = 1\ 100(\text{kV·A})$

该客户 3 月份最大需量值 $= 0.35 \times (200/5) \times (10\ 000/100) = 1\ 400(\text{kW})$,

$1\ 400 > 1\ 100 \times 120\% = 1\ 320$

基本电费 $= 1\ 400 \times 30 = 42\ 000(\text{元})$

答:本月基本电费为 42 000 元。

【例3.4.7】　某大工业客户,按容量收取基本电费,装有受电变压器 315 kV·A 一台,2019 年 5 月 12 日变压器故障,因无相同容量变压器,征得供电企业同意,暂换一台 400 kV·A 变压器,供电企业与该客户约定的抄表结算日期为每月 24 日,请问该客户 5 月应交纳基本电费多少?

解　该客户 5 月基本电费计算周期为 4 月 25 日—5 月 24 日,暂换前:变压器 315 kV·A,时间为 4 月 25 日—5 月 11 日,共 17 天;暂换后:变压器 400 kV·A,时间为 5 月 12 日—5 月 24 日,共 13 天。

基本电费 $= (315 \times 17/30 + 400 \times 13/30) \times 20 = 352 \times 20 = 7\ 040(\text{元})$

知识点:变压器暂换投退基本电费计算。

答:该客户 5 月应交纳基本电费 7 040 元。

3.4.4　电费计算综合案例

【例3.4.8】　某化工厂安装 315 kV·A 变压器一台,10 kV 供电,高压侧计量,装有一块三相三线制多功能电能表,用来计量其动力用电,配用的电压互感器变比为 10 000/100 V,电流互感器变比为 50/5 A,按容量计收基本电费。9 月底抄表,有功电能表总码差为 100、尖峰码差为 20、高峰码差为 30、平段码差为 26、低谷码差为 23,无功码差为 46。该客户执行峰谷分时电价,暂不执行丰枯季节电价。问该客户 9 月应付多少电费? 已知 10 kV 大工业电度电价为 0.665 9 元/(kW·h),农网还贷基金 0.02 元/(kW·h),城市附加 0.007 元/(kW·h),水库移民扶持基金 0.008 8 元/(kW·h),可再生能源附加 0.008 元/(kW·h)。

解　该客户为大工业用电,其结算电费由基本电费、电度电费、功率因数调整电费和代征费四部分组成。

(1)基本电费 $= 315 \times 20 = 6\ 300(\text{元})$

(2)电量电费的计算

倍率 $= (10\ 000/100) \times (50/5) = 1\ 000$

总有功抄见电量 $= 100 \times 1\ 000 = 100\ 000(\text{kW·h})$

尖峰抄见电量 $= 20 \times 1\ 000 = 20\ 000(\text{kW·h})$

高峰抄见电量 $= 30 \times 1\ 000 = 30\ 000(\text{kW·h})$

低谷抄见电量 $= 23 \times 1\,000 = 23\,000 (\mathrm{kW \cdot h})$

平段抄见电量 $= (100\,000 - 20\,000 - 30\,000 - 23\,000) = 27\,000 (\mathrm{kW \cdot h})$

无功抄见电量 $= 46 \times 1\,000 = 46\,000 (\mathrm{kvar \cdot h})$

电量电费 $= 20\,000 \times (0.665\,9 + 0.25) + 30\,000 \times (0.665\,9 + 0.15) + 27\,000 \times 0.665\,9 + 23\,000 \times (0.665\,9 - 0.20) = 18\,318 + 24\,477 + 17\,979.3 + 10\,715.7 = 71\,490 (元)$

（3）功率因数调整电费的计算

$$\tan \varphi = \frac{A_Q}{A_P} = \frac{46\,000}{100\,000} = 0.46$$

查对照表得 $\cos \varphi = 0.91$。查 0.90 的功率因数调整电费表，得调整比例为 -0.15%。

功率因数调整电费 $= (6\,300 + 71\,490) \times (-0.15\%) = -116.69 (元)$

（4）代征费 $= 100\,000 \times (0.027 + 0.008\,8 + 0.008) = 4\,380 (元)$

（5）总电费 $=$ 基本电费 $+$ 电量电费 $+$ 功率因数调整电费 $+$ 附加费

$$= 6\,300 + 71\,490 - 116.69 + 4\,380 = 82\,053.31 (元)$$

答：该客户 9 月应付 82 053.31 元电费。

【例 3.4.9】 某水泥厂 10 kV 供电，受电变压器容量为 1 000 kV·A，其中非居民用电容量为 20 kW，按需量计收基本电费，一次侧装有最大需量表和分时电度表。每月非居民照明用电量按定比定量计算为 3 000 kW·h。4 月抄见电量见表 3.4.2，该厂本月应付电费为多少？已知大工业电度电价为 0.655 15 元/(kW·h)，一般工商业及其他电度电价为 0.831 45 元/(kW·h)，农网还贷基金 0.02 元/(kW·h)，城市附加 0.007 元/(kW·h)，水库移民扶持基金 0.008 8 元/(kW·h)，可再生能源附加 0.015 元/(kW·h)，重大水利工程建设基金 0.003 75 元/(kW·h)。

表 3.4.2 4 月抄见电量数据表

计量点	示数类型	电量				
		总	尖峰	高峰	谷段	平段
001-1	有功（总）	200 000	10 000	10 000	160 000	20 000
001-1	需量	450	280	310	450	380
001-1	无功（总）	46 000				

解 （1）结算电量

非居民照明电量 $= 3\,000 (\mathrm{kW \cdot h})$

大工业结算电量：

总有功电量 $= 200\,000 - 3\,000 = 197\,000 (\mathrm{kW \cdot h})$

尖峰电量 $= 10\,000 (\mathrm{kW \cdot h})$

高峰电量 $= 10\,000 (\mathrm{kW \cdot h})$

谷段电量 $= 160\,000 (\mathrm{kW \cdot h})$

平段电量 $= 197\,000 - 10\,000 - 10\,000 - 160\,000 = 17\,000 (\mathrm{kW \cdot h})$

（2）大工业各时段电度电费

尖峰电费 $= 10\,000 \times (0.655\,15 + 0.25) = 9\,051.5$（元）

高峰电费 $= 10\,000 \times (0.655\,15 + 0.15) = 8\,051.5$（元）

谷段电费 $= 160\,000 \times (0.655\,15 - 0.20) = 72\,824$（元）

平段电费 $= 17\,000 \times 0.655\,15 = 11\,137.6$（元）

大工业电度电费 $= 9\,051.5 + 8\,051.5 + 72\,824 + 11\,137.6 = 101\,064.6$（元）

（3）基本电费

最大需量值 $450 > 1\,000 \times 0.4$

基本电费为 $450 \times 30 = 13\,500$（元）

（4）力调电费

$\tan \varphi =$ 总无功电量/总有功电量 $= 46\,000/200\,000 = 0.23$

执行功率因数标准 0.90，查表得 $\cos \varphi = 0.97$，电费调整率 $= -0.75\%$。

大工业力调电费 $= (101\,064.6 + 13\,500) \times (-0.75\%) = -859.23$（元）

（5）大工业价外基金及附加 $= 197\,000 \times 0.054\,55 = 10\,746.35$（元）

（6）大工业电费合计 $= 101\,064.6 + 13\,500 - 859.23 + 10\,746.35 = 124\,451.72$（元）

（7）非居民电费 $= 3\,000 \times 0.886 = 2\,658$（元）

（8）该用户本月应付电费：$124\,451.72 + 2\,658 = 127\,109.72$（元）

答：该客户本月应付 127 109.72 元电费。

【任务指导】

表 3.4.3　大工业客户电费计算任务指导书

任务名称	某大工业客户电费计算					学时	4 课时

任务描述：某大工业客户，变压器容量为 500 kV·A，高供低计，单班生产，综合倍率为 160 倍，于 2019 年 5 月 3 号新装送电。合同约定按容量计收基本电费。抄表例日为每月 25 号，求 5 月结算电量和基本电费。已知：有功空载 1.1 kW，有功负载 4.41 kW；无功空载 1.8 kvar·h；无功负载 12.6 kvar·h。

表码	有功					无功
	有总	尖	峰	谷	平	
上次	400.00	40.00	60.00	250.00	50.00	170.00
本次	520.00	65.00	90.00	290.00	75.00	280.00
需量	3.63	1.47	3.63	1.55	2.01	

续表

任务名称	某大工业客户电费计算	学时	4 课时
任务要求	按照两部制专变客户电费核算作业指导书流程分步骤计算抄见电量、结算电量、电度电费、基本电费、功率因数调整电费、代征电费和总电费,书写计算过程。		
注意事项	每位学员应认真学习有关电费计算规定,有不懂之处及时咨询指导老师。		

任务实施步骤:

1. 风险点辨识

电价的执行、电量的计算、变线损计算及分摊、力调电费计算、基本电费计算。

2. 作业前准备

(1)资料准备:电价政策、功率因数调整标准等资料。

(2)登录营销系统,抄表段签收等。

3. 操作步骤及质量标准

抄表段提交—抄表段签收—电量电费计算—电量电费核查—异常处理—电费发行。

4. 清理现场

关闭营销系统、整理相关资料。

【任务评价】

表 3.4.4　大工业客户电费计算任务评价表

姓 名		班级		学号			
开始时间		结束时间		标准分	100 分	得分	
任务名称		大工业客户电费计算					
序号	步骤名称	质量要求	满分(分)	评分标准		扣分原因	得分
1	电量电费计算	1. 计算抄见电量; 2. 计算变损电量; 3. 计算结算电量; 4. 计算电度电费; 5. 计算基本电费; 6. 计算功率因数调整电费; 7. 计算代征电费; 8. 计算总电费。	60	每错一处扣 5 分。			

续表

序号	步骤名称	质量要求	满分(分)	评分标准	扣分原因	得分
2	电量电费核查	1. 核查各时段表计电量； 2. 核查供电方式、计量方式、计费方式与合同及营销业务工单是否一致； 3. 核查变损电量； 4. 核查电价； 5. 核查基本电费； 6. 核查功率因数及力调电费。	15	核查不全面,酌情扣 2~5 分。		
3	异常处理	处理电费审核异常。	10	未处理扣 10 分,处理不对或不全扣 2~5 分。		
4	电费发行	发行正确电量电费。	5	未发行扣 5 分。		
教师(签名)			总分(分)			

任务 3.5　电费退补

【任务目标】

1. 能正确计算客户的退补电量和电费。
2. 能正确进行非政策性的电量电费的退补。

【任务描述】

已知客户的错误电量电费信息,按照不同的错误类型,计算该客户的正确电量、电费及需退补的电量及电费。

【相关知识】

电量电费退补是因国家电价政策变动、用户档案信息错误、计量装置故障、抄表错误、计算差错等多种原因需要对用户追加、退减电量或电费,并由此产生新的电费应收信息。电量电费退补包括政策性退补和非政策性退补两类。

3.5.1　政策性退补

政策性退补是指由于电价政策调整引起的对已发行电费的用户所进行的电费退补。政策性调价退补电费,不论金额大小,一律按政策规定办理。政策性调价退补时不涉及对用电客户档案及抄表示数的调整,只涉及调价退补发行的电价版本和退补时间范围。

政策性退补工作内容如下:

①根据政府调价文件,确定需执行政策性退补的用电客户、计算用的电价版本及退补时间段。

②进行退补电费计算,冲减原电量电费数据,再按原电量和新电价标准计算出退补电量电费。退补电费计算可以批量进行。

③对计算出的退补电量电费进行审核,审核通过后进行电费发行。

3.5.2　非政策性退补

非政策退补主要由抄表差错、计费参数错误、系统故障、流程异常、计量装置故障、电价执行错误、违约用电、窃电等原因引起。

抄表核算中出现差错电量、电能计量装置出现差错或未经计量装置记录(如断相失压)进行的电量退补,称为电量退补。抄表核算中由于差错或其他原因造成的电度电费、基本电费、力调电费及价外电费的退补,称为电费退补。

电量电费退补应由引起退补产生的责任人员发起电量电费退补流程,责任人员所在班组长(或部门负责人)核查,再按权限分级审批,经核算人员审核后,方可进行电量电费退补。退补分级审批权限规定:每户每次退补金额2 000元或电量5 000 kW·h以下应报本单位营销部门负责人批准。每户每次2 000元或5 000 kW·h及以上,20 000元或50 000 kW·h以下,应报县级供电单位分管领导审批。每户每次20 000元或50 000 kW·h及以上应报市公司营销部门核准,市公司分管领导批准。

1)电能表表码错误的退补计算

当电能表表码录入错误时,在不牵涉变线损及力调的情况下,该退补计算非常简单,根据正确表码计算出正确电量,退补已发行电量与正确电量的差值即可,并在退补流程中修改正确的表码。退补分时电量时,总段和各时段都需要录入要退补的电量,平段电量 = 总段电量 – 其他各时段电量。

2)居民阶梯电价客户的退补

居民阶梯电价客户的电量电费退补应先确定实际电量总额和对应的时间周期。对一个抄表周期内的退补,应将实际电量按规定标准分摊分档电量,根据对应的电价标准计算实际电费后,与已发行的电量、电费比对后进行退补;对跨抄表周期的退补,应将实际电量细分至各抄表周期,按规定标准分摊各抄表周期内的分档电量,按照对应的电价标准计算各抄表周期的实际电费,汇总后与已发行的电量、电费比对并进行退补。

【例3.5.1】　经现场核实,某居民阶梯电价客户3月抄表时误将实际抄码2578错录入为2778,造成多抄录电量,已知上月抄表码为1898,请计算应退补的电量电费。[居民基准电价为0.588元/(kW·h)]。

解　已发行电量:抄见电量 = 2 778 – 1 898 = 880(kW·h)

基准电量 = 880,二档电量 = 450 – 200 = 250(kW·h),三档电量 = 880 – 450 = 430(kW·h)

应退总电量 = 2 778 – 2 578 = 200(kW·h)

应退基准电费 = 200 × 0.588 = 117.6(元)

应退三档增电费 = 200 × 0.3 = 60(元)

应退总电费 = 117.6 + 60 = 177.6(元)

3)变线损退补

用户变损、线损计算错误时,首先计算出正确的变线损电量,并按正确的变线损电量进行分摊,可得出正确的总分表或各时段的结算电量,然后与SG186营销业务应用系统中计算错误的各结算电量的差值,即为应退补电量值。应注意,如果系统中退补选择合并出账,不能勾选参与变损计算,以免造成重复计算,且因牵涉力调计算,无功损耗电量一定也要相应退补。

4)电价错误退补

用户电价执行错误引起的退补计算比较简单,即

差错电费 = 结算电量 × (正确电价 – 错误电价)

计算结果是负数时为多收电费,应退电费;正数时为少收电费,应补电费。在SG186营销业务应用系统中,退补时选择直接退补电费选项,把退补电费值直接录入。但应注意不同的电价各项代征资金是不同的,应把电度电费及各项代征电费分开计算电费差,退补值分开录入。

【例3.5.2】　某新装城市低压客户,执行非普工业电价,4月15日装表,5月1日第一次抄表,发行非普工业电量241 kW·h。经现场检查,发现该户实际应执行居民合表电价,请计算应退补的电费。[已知非普电价为0.751 1元/(kW·h);居民合表电价为0.604元/(kW·h)]。

解　差错电费为:241 × (0.604 – 0.751 1) = –35.45(元)

答:应退电费 34.45 元。

5)基本电费退补

基本电费退补注意事项:

①退补方法为正确计算的基本电费与 SG186 营销业务应用系统错误基本电费的差值。

②应注意退补的是容量基本电费还是需量基本电费,退补流程中录入退补基本电费数值时,应注意对应选项填列。

③如当月电费已发行,退补选择的立即出账,应考虑退补基本电费会影响力调电费,应相应计算并退补力调电费。

④当用户有变更时,基本电费按实际使用天数计算,则因 SG186 营销业务应用系统基本电费计算规则不同,计算实用电天数时算头算尾,用户变更用电时,系统会偶尔出现一两天基本电费的差异,此类规则不同差异,可视实际情况酌情退补。

⑤其他电费退补切勿填列在基本电费选项里,可致报表逻辑错误。

【例 3.5.3】 某工厂原有 630 kV·A、400 kV·A 变压器各一台,抄表例日为每月 25 日,按容量计收基本电费。400 kV·A 变压器于 3 月 14 日减容,3 月 25 日抄见最大需量为 520 kW。SG186 营销业务应用系统计算本月基本电费为 $(630 + 400) \times 20 = 20\,600(元)$。假设基本电价为 20 元/(kW·h),请计算应退补的基本电费。

解 该用户 400 kV·A 变压器 3 月份使用时间为 2 月 27 至 3 月 13 日,2 月份 28 天,使用天数为 16 天。

应收基本电费:$(630 + 400 \times 16/30) \times 20 = 843 \times 20 = 16\,860(元)$

应退基本电费:$20\,600 - 16\,860 = 3\,740(元)$

答:应退基本电费 3 740 元。

6)功率因数调整电费(力调电费)退补

力调电费错误大多由两个原因引起,一个是功率因数标准执行错误,此类退补计算方法是查表得出正确力调奖惩系数,计算正确力调电费后退补差额;二是因有无功电量不对造成功率因数计算错误,此类退补计算应根据正确的有无功电量重新计算功率因数、电度电费及力调电费,然后退补力调电费差额。

【例 3.5.4】 某普通工业用户,用电容量 160 kV·A,5 月有功电量为 20 000 kW·h,无功电量 15 000 kvar·h,营销业务应用系统计算当月力调电费 703.3。后自查发现系统将力调考核标准设置为 0.9,请计算本月应退补多少力调电费。[设普通工业电度电价 0.703 3 元/(kW·h),不考虑分时电费]

解 正确的力调考核标准应为 0.85,查表得功率因数调整系数应为 2.5%,则力调电费应为 $(20\,000 \times 0.703\,3) \times 2.5\% = 351.65(元)$

应退力调电费 $= 703.3 - 351.65 = 351.65(元)$

答:应退力调电费 351.65 元。

7)计量装置超差或故障引起的退补

由于计费计量的互感器、电能表的误差超出允许范围或其他非人为原因致使计量记录

不准时,供电企业应按下列规定退补相应的电费:

①互感器或电能表误差超出允许范围时,以"0"误差为基准,按验证后的误差值退补电量。退补时间从上次校验或换装后投入之日起至误差更正之日止的一半时间计算。

②其他非人为原因致使计量记录不准时,有总表、考核表的,当总表发生故障时,以考核表数据为依据。无考核表的可根据前3次所抄电量、去年同期电量或表计更换后正常用电的日平均电量进行计算。

用电计量装置接线错误、保险熔断、倍率不符等原因,使电能计量或计算出现差错时,供电企业应按下列规定退补相应电量的电费:

①计费计量装置接线错误的,以其实际记录的电量为基数,按正确与错误接线的差额率退补电量,退补时间从上次校验或投入之日起至接线更正之日止。

②电压互感器保险熔断的,按规定计算方法计算值补收相应电量的电费;无法计算的,以用户正常月份用电量为基准,按正常月与故障月的差额补收应电量的电费,补收时间按抄表记录或按失压自动记录仪记录确定。

③计算电量的倍率或铭牌倍率与实际不符的,以实际倍率为基准,按正确与错误倍率的差值退补电量,退补时间以抄表记录为准确定。

8)违约用电和窃电引起的退补

①在电价低的供电线路上,擅自接用电价高的用电设备或私自改变用电类别的,应按实际使用日期补交其差额电费,并承担二倍差额电费的违约使用电费。使用起讫日期难以确定,实际使用时间按三个月计算。

②私自超过合同约定的容量用电的,除应拆除私增容高备外,属于两部制的用户,应补交私增设备容量使用月数的基本电费,并承担三倍私增容量基本电费的违约使用电费;其他用户应承担私增容量每千瓦(千伏安)50元的违约使用电费。如用户要求继续使用,按新装增容办理手续。

③擅自使用已在供电企业办理暂停手续的电力设备或启用供电封存的电力设备的,应停用违约使用设备。属于两部制电价的用户,应补交擅自使用或启用封存设备容量和使用月数的基本电费,并承担二倍补交基本电费的违约使用电费;其他用户应承担擅自使用或启用封存设备容量每次每千瓦(千伏安)30元的违约使用电费。

④私自迁移、更动和擅自操作供电企业的用电计量装置、电力负荷管理装置、供电设施以及约定由供电企业调度的用户受电设备者,属于居民用户的,应承担每次500元的违约使用电费;属于其他用户的,应承担每次5 000元的违约使用电费。

⑤未经供电企业同意,擅自引入(供出)电源或将备用电源和其他电源私自并网的,除当即拆除接线外,应承担其引入(供出)或并网电源容量每千瓦(千伏安)500元的违约使用电费。

⑥在供电企业的供电设施上,擅自接线用电的,所窃电量按私接设备容量(千伏安视同千瓦)乘实际使用时间计算确定。以其他行为窃电的,所窃电量按容量(千伏安视同千瓦)乘以实际窃用的时间计算确定。窃电时间无查明时,窃电日数至少以180天计算,每日窃电

时间:电力用户按 12 小时计算;照明用户按 6 小时计算。窃电者应对所窃电量补交电费,并承担补交电费三倍的违约使用电费。

【例 3.5.5】 供电企业抄表人员在 9 月 30 日对某大工业客户抄表时,发现该客户私增 320 kV·A 变压器 1 台,当日已拆除。经核实私增时间为 8 月 25 日,供电企业应收取多少费用?[基本电价为 20 元/(kV·A·月),抄表例日为每月月末]

解 补交基本电费 $= (320 \times 7/30 + 320 \times 29/30) \times 20 = 7\,680$(元)

违约使用电费 $= 7\,680 \times 3 = 23\,040$(元)

合计应收 $= 7\,680 + 23\,040 = 30\,720$(元)

【例 3.5.6】 经对某低压用户表计校验,其表慢 20%,自装表之日起,已收取用户电量 42\,000 kW·h,请计算出该户应补收的电量。

解 退补电量 $=$ [错误电量 $\times$ 实际误差($\pm$%)/(1 + 实际误差($\pm$%))]

表慢 20%,即实际误差 -20%,代入公式

应补电量 $= 42\,000 \times (-20\%)/[1 + (-20\%)] = (-42\,000 \times 20\%)/(1 - 20\%) = -10\,500$(kW·h)

根据《供电营业规则》规定,退补时间从上次校验或换装后投入之日起至误差更正之日止的 1/2 时间退补电量。

故该户应补收 $10\,500 \times 0.5 = 5\,250$(kW·h)。

【例 3.5.7】 经查,三相四线电能计量装置 A、B、C 三相所配电流互感器变比分别为 150/5、100/5、200/5,且 C 相电流互感器极性反接。计量期间,供电企业按 150/5 计收其电量 210\,000 kW·h,问该计量装置应退补电量是多少?

解 从计量装置二次侧功率来看

正确接线时功率 $P_1 = 3UI\cos\phi \times 5/150 = (1/10)UI\cos\phi$

错误接线时功率 $P_2 = UI\cos\phi \times 5/150 + UI\cos\phi \times 5/100 - UI\cos\phi \times 5/200$

$\qquad\qquad\qquad = (7/120)UI\cos\phi$

更正系数 $K = P_1/P_2 = (1/10)/(7/120) = 12/7$

更正率 $=$ 更正系数 $- 1 = (12/7) - 1 = 5/7$

因更正率为正,所以应补电量 $W_1 =$ 更正率 $\times W = 210\,000 \times 5/7 = 150\,000$(kW·h)

答:应退补电量 150\,000 kW·h。

3.5.3 非政策性退补操作

在 SG186 营销业务应用系统中,非政策性退补流程为

退补申请→退补计算(退补处理)→退补审批→退补审核→退补发行。

其中,退补审批是根据退补电量和电费的额度按权限分级审批。

系统操作菜单:登录系统→核算管理→电费退补管理→非政策性退补。具体操作如下:

1）退补申请

退补申请界面如图 3.5.1 所示。

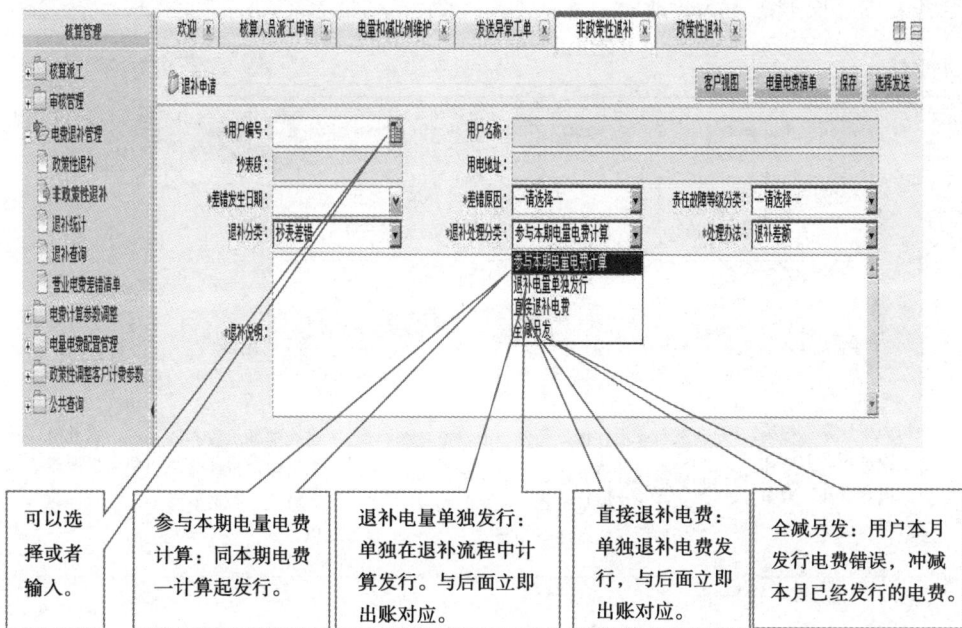

图 3.5.1　退补申请界面

退补申请界面中，退补说明需清楚表述退补原因、计算过程和计算结果。差错发生日期、差错原因、责任故障等级分类、退补分类、退补处理分类、处理办法需根据实际情况在下拉菜单里进行选择。填写完成后单击"选择发送"。

2）退补计算

退补计算界面如图 3.5.2 所示。

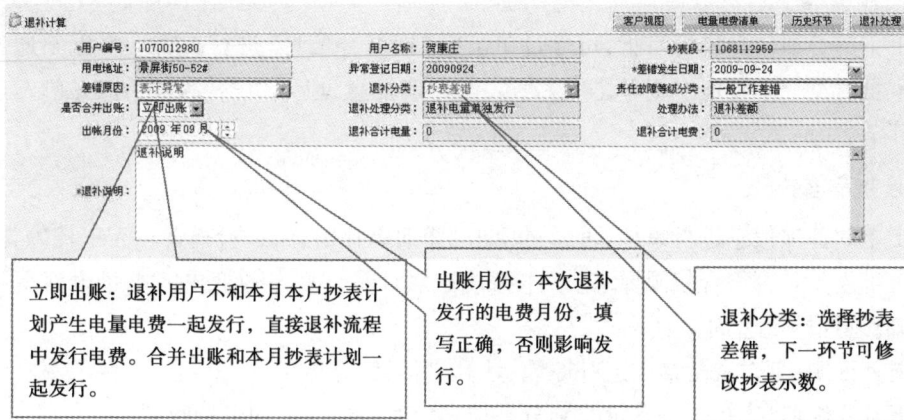

图 3.5.2　退补计算界面

填写完成以后,单击"退补处理"。

3)退补处理

退补处理界面如图 3.5.3 所示。

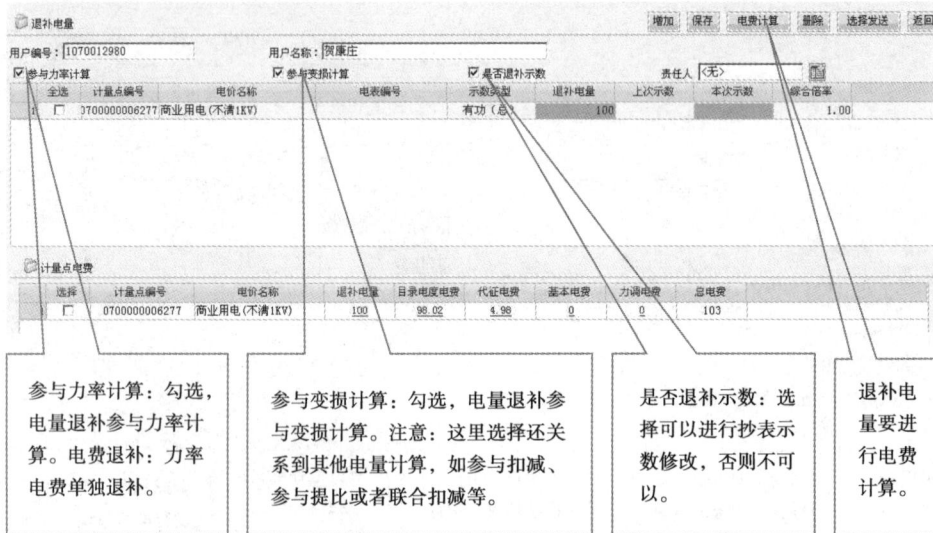

图 3.5.3　退补处理界面

退补处理注意:

①退补分时电量总段和各时段都需要录入要退补的电量,平段电量=总段电量减其他时段电量。

②合并出账退补电量请不要退补提比、提量计量点、套表计量点,选择计量点时选择正确。

③单独出账可以退补电量退补提比。

4)退补审批

对工单的各项信息进行审批,可通过单击"详细退补信息"进行查看。审批不通过必须要填写审批意见。审批通过则单击"保存",保存审批意见后,单击"发送"将工单发送到退补审核环节。

5)退补审核

对工单的各项信息进行审核,可通过单击"详细退补信息"进行查看。需审核内容:

①审批人员是否符合权限要求。"未按规定对计量计费参数变更或电量电费退补进行审批"为管理性严重违章行为。

②退补说明:是否清楚描述退补原因、计算过程、计算结果。

③退补详细信息:是否按电价类别分别填写应退补的电量和电费数据。

④退补说明中未注明退补原因、计算过程或计算结果不正确的,退补计算中的退补详细信息填写不正确的,审核人员应单击"不通过"并写明理由。

6）退补发行

在退补计算环节选择立即出账的流程，进入退补发行环节后，对退补结果进行再次确认，无误后单击"发行"，产生的退补电费直接发行出账形成单独一条应收退补电费。

若退补方式为合并出账，则退补审核后流程自动结束，产生的退补电费合并到当月的抄表计划的流程中一起出账，则需在抄表计划流程中再进行"电费计算"。

【任务实施】

表 3.5.1　非政策性电量电费退补任务指导书

任务名称	非政策性电量电费退补		学时	2 课时
任务描述	对给定客户因营销业务系统中功率因数标准设置错误进行退补。 客户资料：商业用电，380 V 电压供电，其中商业用电容量为 100 kW，居民生活用电容量 20 kW。计量总表为商业用电，TA 变比 100/5；分表为居民生活一户一表直通表，每月 1 日为抄表例日。6 月、7 月表码如表 3.5.2 所示。7 月 5 日发现系统参数为：功率因数标准为不考核，但电费已发行，请退补 7 月的电费。			
任务要求	1. 分小组完成； 2. 根据客户合同及提供的差错资料正确填写退补信息； 3. 根据差错原因完成电量电费退补申请环节和出账方式。			
注意事项	退补信息填写完整，退补计算有过程及计算结果，退补说明应注明原因。			

任务实施步骤：

1. 风险点辨识

退补申请与计算一致，退补应逐级审批。

2. 作业前准备

①电价表、功率因数表、客户信息资料及差错资料。

②熟悉退补流程及填写要求。

3. 操作步骤及质量标准

操作步骤：退补申请—退补计算—退补审批—退补审核—退补发行。

表 3.5.2　用户抄见表码

表计	抄码	总	尖	高峰	低谷	平段	无功
商业用电	6 月	2 570.16	196.5	1 215.69	271.56	886.41	1 551.06
	7 月	2 671.76	208.9	1 261.69	288.36	912.81	1 629.26
居民用电	6 月	21 560	3 019	6 037	7 328	5 176	
	7 月	22 395	3 239	6 216	7 633	5 307	

【任务评价】

表 3.5.3　非政策性电量电费退补任务评价表

姓名		班级		学号			
开始时间		结束时间		标准分	100 分	得分	
任务名称			非政策性电量电费退补				
序号	步骤名称	质量要求	满分(分)	评分标准	扣分原因	得分	
1	填写退补客户信息	户名、户号、异常登记日期、差错发生日期、退补合计电量和退补合计电费。	15	1.无任何记录,扣10 分; 2.缺一项扣2.5分。			
2	填写退补电量、电费	正确填写差错原因、退补分类、责任故障等级分类、出账方式、退补处理分类、处理办法、出账月份。	35	错误一项扣5 分。			
3	退补计算过程	填写退补详细计算过程。	50	错误一项扣5 分。			
	教师(签名)		总分(分)				

【情境总结】

　　电费核算是电费管理的中枢,是对抄表数据复核后依据合同确认的容量及电价进行电费计算,并对电费计算结果进行核算处理的全过程。本情景分为电费核算认知、低压公变客户电费计算,单一制专变客户电费计算、两部制专变客户电费计算和电费退补管理五个学习任务,使学生通过学习能够依据电价按照电费计算规则正确计算简单的电费计算题,并能进行电费退补操作。

【思考与练习】

　　1.对执行阶梯电价的居民用户,当不足或超出一个执行周期的,其分档电量如何确定?

　　2.抄见电量如何计算?

　　3.低保户及五保户免费用电优惠政策是什么?

4. 在计算阶梯电费时,若调整抄表例日,则分档电量如何确定?

5. 某客户安装的是三相四线制电能表,电能表铭牌标注 3×380/220 V、3×1.5(6) A,配有三只变比为 75/5 的电流互感器。本月底抄表表码为 3128,上月底抄表表码为 2567。请问该客户本月实际用电量是多少?

6. 某居民客户安装单相电能表一块。2019 年 5 月底抄表表码为 0068,4 月底抄表表码为 9860。已知居民生活电价为 0.588 元/(kW·h)。请问该客户本月应付多少电费?

7. 某居民客户,执行居民阶梯电价,2019 年 3 月 12 号新装送电,电能表起码为 00000,4 月 15 号立卡,5 月 1 日抄表码为 00856,请问该客户 2019 年 5 月的电费是多少?

8. 某农村鱼塘养殖场 380 V 供电。已知其 2019 年 6 月有功电能表总表用电量为 5 000 kW·h,其中养殖场农户生活分表用电 1 500 kW·h,其余为鱼塘养殖(抽灌水、加氧机等)用电,该养殖场 2019 年 6 月应交多少电费?已知农业生产电价为 0.474 元/(kW·h),居民电价为 0.588 元/(kW·h),农户生活用电执行居民合表电价。

9. 峰谷分时电价客户的电度电费如何计算?

10. 单一制功率因数考核用户的电费由哪几部分构成?

11. 哪些客户应加收变损?变损分摊的原则是什么?

12. 功率因数调整电费收取的范围如何?

13. 功率因数调整电费如何计算?

14. 某农场 10 kV 高压电力排灌站装有变压器 1 台,容量为 500 kV·A,高供高计,该户 3 月抄见有功电量为 40 000 kW·h,无功电量为 30 000 kW·h,请问该户 3 月应交电费多少?已知农业生产电价 0.474 元/(kW·h),农业排灌电价 0.419 元/(kW·h)。

15. 某 100 kV·A 非工业客户当月有功电量为 9 568 kW·h,无功电量 4 965 kvar·h,设电价为 0.5 元/(kW·h),求该户当月功率因数调整电费。

16. 大工业客户基本电费的计收方式有哪些?

17. 新装或终止用电当月的基本电费是如何计算的?

18. 某工厂根据市场变化,申请将原厂一台 500 kV·A 的变压器减容为一台 315 kV·A 变压器,经供电部门现场检查,同意从 5 月 10 日将变压器的容量减到 315 kV·A,基本电费按容量收取,请问该厂 5 月份应交纳基本电费为多少?(已知抄表例日为每月 25 日)

19. 电量电费退补的分级审批权限是如何规定的?

20. 退补流程的流转过程是怎样的?

21. 经现场核实,某居民阶梯电价客户 5 月 28 日新装,抄表例日每月 1 日,6 月 1 日第一次抄表的电量为 238 kW·h,系统计算当月电费 141.84 元。请计算应退补的电量电费。已知居民基准电价 0.588 元/(kW·h)。

22. 某工业用户,当月有功电量为 10 000 kW·h,三相负荷基本平衡,开箱检查,发现有功电能表(三相四线)一相电压线断线,应补收多少电量?

23. 某用户 4 月装表用电,电能表准确度等级为 2.0。到 9 月时,经计量检定机构检验发现该用户电能表误差为 −8%。4—9 月用电量为 19 000 kW·h,电价为 0.751 1 元/(kW·h)。试计算本月应补收的电费。

情境 4　电费催收与远程费控

【情境描述】

本情境分为电费催收,交费方式及推广、远程费控三个学习任务。通过学习,学生能够熟悉电费催交服务规范,掌握各类交费方式,熟悉远程费控功能及应用。

【情境目标】

1.知识目标

(1)熟悉电费催交服务规范及方式。

(2)熟悉远程费控业务及流程。

(3)掌握交费渠道及交费方式的应用。

(4)熟悉电费违约金计算及欠费管理。

2.能力目标

(1)能按规定进行电费催交。

(2)能进行营销远程费控系统业务操作。

(3)能使用智能交费渠道进行交费。

3.态度目标

(1)严格遵守财经制度,制订电费风险防范措施。

(2)勤奋好学,努力学习工作技能,更好地完成工作任务。

(3)自觉把握在组织中的角色,遇到困难不屈不挠完成工作的意志,对自己的工作行为表示负责的态度。

(4)理解工作要求,动手、实际操作能力强,处理灵活,独立承担本职工作范围内的工作任务。

任务 4.1　电费催收

【任务目标】

了解电费回收指标,熟悉电费催交服务规范与技巧,熟悉客户催费及欠费停电工作流程。

【任务描述】

对客户欠费进行催收,并按照规定程序和时限要求进行停电催费操作,客户交费后进行复电操作。

【任务准备】

1.知识准备
①电力营销工作规程;
②国家电网公司电费抄核收管理规则;
2.资料准备
①国网湖南省电力公司低压客户催费管理办法(试行);
②国网湖南省公司远程费控管理办法。

【相关知识】

4.1.1　电费回收考核指标

电费回收是供电企业一项重要工作,按期回收电费是电力企业的一项重要经济指标,不但为电力企业上缴税金和利润提供资金,从而保证国家的财政收入,还可为电力企业再生产和扩大再生产提供必需的资金,因此要求电费催收人员必须做到及时、准确地全部回收电费。

1)电费回收率

电费回收率指实收电费与应收电费之比的百分数,是营业电费管理部门的重要考核指标。

$$电费回收率(\%) = 实收电费总额/应收电费总额 \times 100\%$$

根据考核期的不同,电费回收率又分为当月电费回收率、当年累计电费回收率、陈欠电费回收率,分别对应于当月、当年累计、历史欠费的当前实收。

2)应收电费余额占月均应收电费比例

应收电费余额指按财务口径在月末、年末24点时的应收电费账面余额,其中应收电费指当期国家规定向客户征收的全口径电费,包括目录电费、农网还贷资金、库区建设基金、农网维护费等国家规定的代征费。

应收电费余额占月均应收电费比例(%):在考核期内的当月应收用户电费余额(财务口径)/当年月均应收用户电费的比值。

4.1.2　电费催交服务规范

1)抄表收费服务规范

①供电企业应在规定的日期准确抄录计费电能表读数。因客户的原因不能如期抄录计费电能表读数时,可通知客户待期补抄或暂按前用电量计收电费,待下一次抄表时一并结清。确需调整抄表时间的,应事先通知客户。

②供电企业应向客户提供不少于两种可供选择的交纳电费方式。

③在尊重客户、有利于公平结算的前提下,供电企业可采用客户乐于接受的技术手段、结算和付费方式进行抄表收费工作。

2)催费流程

电费发行后及时通知客户交纳电费,电费通知可采用短信、信函、公告等方式,并提供电话或网络等查询服务。

针对不同欠费和客户情况制定催费策略,根据催费策略对欠费的客户进行催收,对还款计划进行管理,催费流程图如图4.1.1所示。

3)电费催交技巧

(1)电话催费

电话催费服务要点:

①前期可采用传真、短信、电子邮件等方式提醒。

②电话催费时应表明身份,说明来意,文明用语。

催费

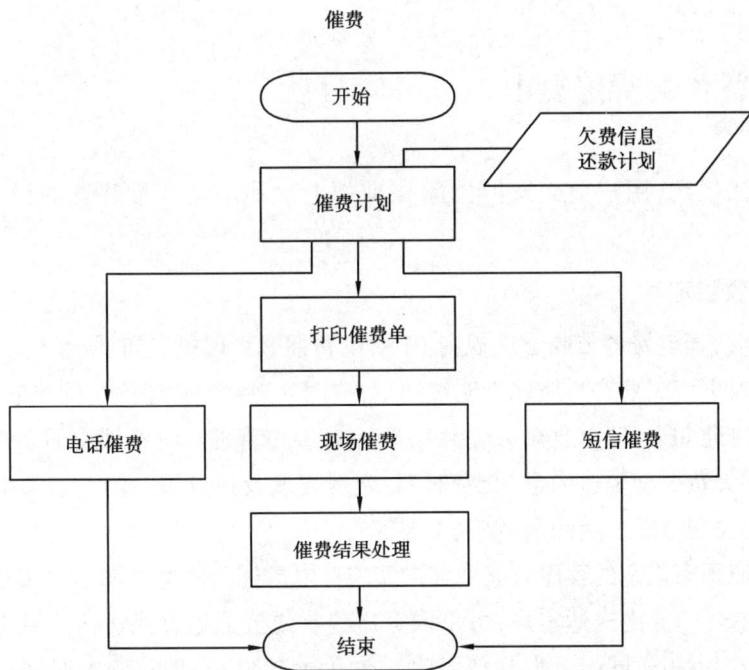

图 4.1.1　催费流程图

③客户有疑问时,应耐心解答;当不能解答时,应礼貌地告知客户。

④电话催费过程中应主动告知客户银行代扣、电费充值卡、支付宝、电 e 宝、掌上电力等交费渠道和使用方法。

⑤挂机时动作要轻,工作人员应等客户先挂电话后再挂电话。

(2)现场催费

现场催费服务要点:

①与客户见面时,须主动自我介绍并出示相关证件。

②根据客户需要进行必要的解释工作,如不能当场解答,应告知客户与客户约定时间派专业人员电话回复或上门处理。

③遇客户情绪激动时,应先安抚客户情绪,再处理事情,避免与客户发生争执。

④对无法直接送达催交电费通知单的,应放在合适位置(如客户的信箱等),或通过社区服务部门转交等方式通知客户,同时要配合电话催收。

⑤拒绝签收的,可通过公证送达、挂号信等方式让客户签收。

(3)短信催费

短信催费前需确认客户联系信息真实有效的,可与电话催费配合使用。

4.1.3　催费及欠费停复电

依据电力法规定,用户应当按照国家核准的电价和用电计量装置的记录,按时交纳电费。

1)电费催收规定

《国家电网公司电费抄核收管理规则》中对电费催缴管理规定如下:

供电企业对电费欠费客户应建立明细档案,按国家规定的程序停电催交电费。

①电费催交通知书、停电通知书应由专人审核、专档管理。电费催交通知书内容应包括催交电费年月、欠费金额及违约金、交费时限、交费方式及地点等。停电通知书内容应包括催交电费次数、欠费金额及违约金、停电原因等。

②严格按照国家规定的程序对欠费客户实施停电措施。停电通知书须按规定履行审批程序,在停电前 3 ~ 7 天内送达客户,可采取客户签收或公证等方式送达。对重要客户的停电,应将停电通知书报送同级电力管理部门。在停电前 30 分钟,将停电时间再通知客户一次,方可在通知规定时间实施停电。

2)电费催收工作要求

电费核算发行后,需对欠费客户进行催收,其工作要求如下:

①对费控客户,营销信息系统根据每日电费测算结果,对可用余额低于阈值的自动生成、发送"温馨提示"催费短信。由专人在每天 10:00 前检查前 1 个工作日的短信回执情况。

②对非费控客户,应在电费发行 5 个工作日后对有联系电话的欠费客户发送催费短信,之后 1 个工作日内检查短信回执情况。

③催费短信发送不成功的,应逐一核实。按有效号码进行补发,补发不成功或无联系电话的,采取电话或纸质催费通知单等方式进行通知,无效号码进行上门收集。

④催费通知单必须粘贴在客户易见的位置,如客户家门、小区宣传栏、楼道及表箱。对同一物业小区、楼道(单元)的欠费客户可采取集中通知方式。如客户对集中通知方式有异议的则按双方约定的方式进行通知。

⑤台区客户经理完成催费通知单粘贴后,必须进行拍照取证(远景、近景各一张),并上传照片至班组工作平台。照片保存期限至少为 90 天(拖欠电费或已发生纠纷的,应至少保存两年)。班组长(供电所长)应负责核实照片的内容,确保真实、有效。

3)欠费停复电注意事项

①需按规定程序、权限审批。

②限停电通知书存根联保存时间不少于 2 年。

③对未签订智能交费协议的电力客户,需在电力客户用电现场显著位置张贴,拍照留存

上传至营销业务应用系统。对重要电力客户的停电,在停电前通过录音电话等方式再通知电力客户,方可在通知规定时间实施停电。

④智能交费电力客户根据协议约定,当可用余额低于预警值时,应通知电力客户及时交费;当可用余额小于停电阈值,采取停电措施。

⑤停电操作前,应再次核对电力客户当前是否欠费以及停电通知送达情况,确认无误后执行停电操作。欠费停电操作不得擅自扩大范围或更改时间。

⑥电力客户结清电费及违约金后,应在 24 个小时内恢复供电,如特殊原因不能恢复供电的,应向电力客户说明原因。

4.1.4　电费违约金

用户在供电企业规定的期限内未交清电费时,应承担电费滞纳的违约责任。电费违约金从逾期之日起计算至交纳日止。每日电费违约金按下列规定计算:

①居民用户每日按欠费总额的千分之一计算。

②其他用户:

a. 当年欠费部分, 每日按欠费总额的千分之二计算;

b. 跨年度欠费部分, 每日按欠费总额的千分之三计算。

电费违约金收取总额按日累加计收,总额不足 1 元者按 1 元收取。

电费收缴人员必须严格按供用电合同的约定执行电费违约金制度,不得随意减免电费违约金,不得用电费违约金冲抵电费实收,违约金计收金额最高不得超过本金的30%。由下列原因引起的电费违约金,可经审批同意后实施电费违约金免收:

①供电营业人员抄表差错或电费计算出现错误影响电力客户按时交纳电费。

②因非电力客户原因导致银行代扣电费出现错误或超时影响电力客户按时交纳电费。

③因营销业务应用系统电力客户档案资料不完整或错误,影响电力客户按时交纳电费。

④因供电公司账务人员未能及时对银行进账款项确认造成电力客户欠费产生违约金。

⑤因营销业务应用系统或网络发生故障时影响电力客户按时交纳电费。

⑥因不可抗力、自然灾害等原因导致电力客户无法按时交纳电费。

⑦其他因供电公司原因产生的电费违约金。

【例 4.1.1】　某工业电力用户 2018 年 12 月份的电费为 2 000 元,2019 年元月份的电费为 3 000 元。该用户 2019 年 1 月 18 日才到供电企业交纳以上电费,试求该用户 2019 年 1 月份应交纳电费违约金多少元(假设约定的交费日期为每月 10 至 15 日)?

解　由于该用户不属居民用户,根据《供电营业规则》应按年度分别进行电费计算。

当年欠费部分违约金为 $3\,000 \times (18 - 15) \times 2‰ = 18(元)$

12 月欠费部分违约金为 $2\,000 \times (18 \times 3‰ + 16 \times 2‰) = 172(元)$

合计应交纳电费违约金 $18 + 172 = 190(元)$

答:该用户应交纳电费违约金 190 元。

【任务指导】

表 4.1.1 欠费停复电任务指导书

任务名称	客户欠费停复电	学时	2 课时
任务描述	客户因欠费,如何进行停、复电操作? 客户后致电已交费未复电,电费管理员该如何处理? 交清欠费后多长时间可以恢复供电? 长时间没有恢复供电怎么办?		
任务要求	按国家电网公司电费抄核收管理规则及有关规定进行停复电操作。		
注意事项			

任务实施步骤:

1. 风险点辨识

1)电费催交通知书、停电通知书准确填写,严格按照规定履行审批手续;

2)停电通知书送达时限及复电时限符合规定;

3)停电通知书送达要履行签收手续;

4)电话通知要录音。

2. 作业前准备

用电营销业务应用系统查询客户欠费信息、准备电费催交通知书、停电通知书。

3. 操作步骤及质量标准

欠费停电流程:

电费催交通知书、停电通知书填写→停电审批手续→停电通知书送达。

复电流程:

1)电力客户结清电费及违约金后,复电时限。

2)长时间未复电,后续操作:如费用未交清,如实时欠费未交清→交清实时余额后系统才能自动复电;如费用已交清→系统自动启动复电流程→一般在短时间内(2 小时内)可恢复供电,并在复电成功后发送复电短信。如果客户收到复电短信后仍未恢复供电→根据短信提示客户检查电表后空气开关等,如果费控系统自动复电仍不成功→采用用电信息采集系统直接复电又失败的(复电操作不低于 3 次)→派发现场复电工单至相应供电单位网格人员→督促在客户结清实时欠费后的 24 小时内成功复电。

【任务评价】

表 4.1.2　客户欠费停复电任务评价表

姓名		班级		学号			
开始时间		结束时间		标准分	100 分	得分	
任务名称	客户欠费停复电						

序号	步骤名称	质量要求	满分(分)	评分标准	扣分原因	得分
1	电费催交通知书、停电通知书填写	填写准确	30	错一处扣 10 分		
2	欠费停电流程	流程正确	30	错一处扣 10 分		
3	复电流程	流程正确	40	错一处扣 10 分		
教师(签名)			总分(分)			

任务 4.2　交费方式及推广

【任务目标】

熟悉电费交费渠道、电子化交费方式及推广应用。

【任务描述】

电子支付、电费缴纳电子支付渠道、主要电子化交费方式的应用及推广(银行代扣、掌上电力、电 e 宝、微信公众号)。

【相关知识】

4.2.1 电费交费渠道

近年来,随着电力客户数量的增长、经济社会的发展和人们生活方式的变化,客户对电费交费方式的多样性和便捷性提出了更高的要求。为方便客户交费,供电企业积极与银行和代收机构共同探索新型缴费方式与渠道。电费交费渠道是供电企业销售电能、获得收入的渠道。

根据参与缴费过程的收费服务提供商的不同,客户交纳电费的渠道可以分为电力企业、非金融机构和银行三类;依据是否借助网络自助交费,交费方式可分为线下和线上渠道,线下交费渠道包括坐收、代扣、代收和银行划转等方式,前三种方式一般适合个人客户,第四种适合企业、事业单位;线上交费渠道主要是自助交费,包括电 e 宝、支付宝、微信生活交费、微信公众号、95598 网站、企业电费网银等方式,前五种方式一般适合个人客户,第六种适合企业、事业单位。

4.2.2 交费方式

1)线下交费方式

（1）坐收

坐收是指收费人员在营业柜台用本单位收费系统以现金、POS 刷卡、支票、汇票等结算方式,收取客户电费、违约金或预缴电费,并出具收费凭证的一种收费方式。

坐收业务工作流程:

①受理缴费申请。根据客户编号查询客户应缴电费、违约金,确认缴费或预收电费。

②票据核查及费用收取。收取费用,根据客户交纳资金的不同形式,审验资金,确认资金的有效性。

③确认收费并开具收费凭证。根据客户缴款性质(结清电费、部分缴费、预付电费),为客户开具电费发票或收据。

④日终清点。一日收费终止,统计生成当日各类坐收资金的实收报表,将收款笔数、金额与已开具的电费发票、据及实际资金进行盘点,不相符查找原因,处理收费差错,直至报表、票据、资金三账完全相符。最后,清点各类票据、发票存根联、未用发票等。

⑤解款。根据不同资金形式解款的方法将资金转到指定的电费收入账户。

⑥票据交接。将资金借款的原始凭据以及"日实收电费交接报表"等上交相关人员,票据交接需双方签字确认。

坐收电费成本较高,自然收费的实收率较低,但却是知晓度最高且必不可少的一种方式。

(2)代扣

代扣是指客户、银行、供电企业三方签订电费结算协议,供电企业委托电费开户银行向客户收取电费,从客户银行账上扣款交纳的一种方式。

代扣主要体现形式:①银企互联,特指工行的个人代扣,具有电费适时到账的特点;②金融机构代扣,是指除工行外的个人代扣,一般需次日到账;③电子托收,是指同类银行之间对公用户的托收,一般需次日到账;④小额支付,是指跨行对公用户的托收,一般3~5日到账。

代扣办理方法:客户提供本人身份证、银行存折或银行卡,电费发票或提供总户号,与银行签订《代扣电费协议书》,填写内容包括银行户名、账号、客户名称、客户编号、联系信息等,填写务必认真、详细、完整。签订电费代扣协议后,每次抄表后的应交电费就会通过银行自动转账的方式从代扣账户划付。为确保每次抄表的电费按时划付,客户需预存足够金额并定期检查账户余额。

(3)代收

代收是指供电企业以外的金融、非金融机构与供电企业签订委托协议,代为收取电费的一种收费方式。目前最常用的是供电企业与代收机构间中间业务平台互联,实现实时联网收取电费的方式。电力企业与银行(或信用社)签订协议委托代收电费,电力企业则依据协议规定按月付给银行代收电费手续费。

(4)银行划转

客户通过网上银行、转账汇款等方式直接将资金进账到供电企业指定的电费资金账户中的形式,适用于单位、企业用户的交费。

2)线上交费方式

线上交费方式也是一种电子支付方式,是通过信息网络采用数字化方式进行的货币支付或资金流转方式,而传统的支付方式则是通过现金的流转、票据的转让及银行的汇兑等物理实体是流转来完成款项支付的。

电子支付对软件、硬件设施的要求很高,一般要求有联网的微机、相关的软件及其他一些配套设施;而传统支付则没有这么高的要求。电子支付具有方便、快捷、高效、经济的优势。用户只要拥有一台上网的计算机或移动设备(如平板、手机),便可足不出户,在很短的时间内完成整个支付过程。

(1)掌上电力支付

掌上电力是国家电网公司官方手机客户端,是继实体营业厅、95598热线、智能互动网站之后,国家电网公司为扩大电力客户提供的一种服务渠道,也是国家电网公司打造客户全方位互动服务的重要举措之一。

交费指南(见图4.2.1):

图 4.2.1 "掌上电力"手机 APP 电子支付

①进入"首页",点击界面最下端"用电",进入"用电"界面选择"支付购电",确认"交费地区、客户编号"后点击进入"下一步"。

②再次确认"客户编号、客户名称和应交金额"后,选择"支付方式"并点击进入"下一步"。

③核对确认"客户编号、客户名称、支付方式和应交金额"等信息后,点击"确定"后完成在线支付。

(2)电 e 宝支付

电 e 宝是国家电网公司自有全网通互联网交费平台,为广大用电客户提供安全可靠、优质高效的支付服务,是国家电网公司互联网线上供电服务的主营载体之一。

交费操作指南(见图 4.2.2):

①点击"生活交费",选择交费地区、填写客户编号,点击"立即交费"。

②核对用户信息、输入交费金额,点击"确认支付"。

③选择支付方式,点击"确认支付",完成支付。

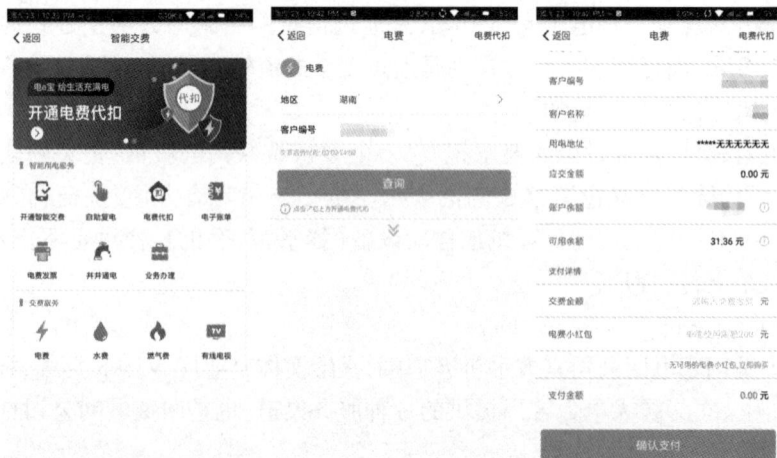

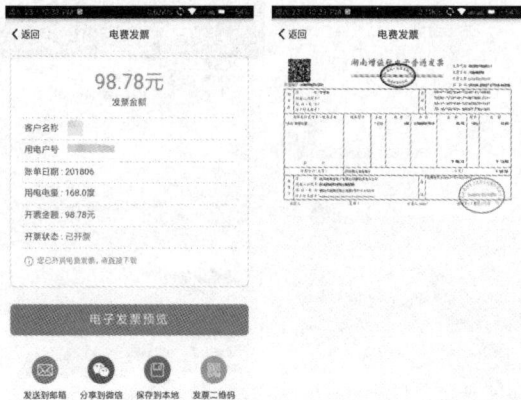

图 4.2.2　"电 e 宝手机"APP 电子支付

（3）微信支付

微信支付是集成在微信客户端的支付功能，用户可以通过手机完成快速的支付流程，微信云付以绑定银行卡的快捷支付为基础，向用户提供安全、快捷、高效的支付服务。用户只需在微信中关联一张银行卡，并完成身份认证，即可购买合作商户的商品及服务，用户在支付时只需在自己的智能手机上输入密码，无须任何刷卡步骤即可完成支付，整个过程简便。

微信交费操作指南（图 4.2.3）：

①进入微信"钱包"，点击"生活交费"，进入"电费"。

②选择"交费地区"，输入"用户编号"，点击"查询账单"。

③核对"用户信息、应缴金额"，点击"立即交费"，输入"支付密码"，完成支付。

图 4.2.3　微信交费

（4）国网湖南电力微信公众号交费

湖南电力微信公众号（图 4.2.4）平台自上线以来，大力开展电力微信公众号推广工作，按照线上线下渠道同步开展的原则，分阶段开展宣传推广，不断提升微信客户关注，让每一位员工向身边的亲朋好友大力推广微信公众号；其次，在营业厅醒目位置张贴公众号二维码，利用客户来营业厅缴纳电费、办理业务、用电咨询等机会向客户宣传公众号讲解平台各项功能。

图4.2.4　国网湖南电力公众号交费

（5）支付宝支付

支付宝支付是集成在支付宝客户端的支付功能，用户可以通过手机支付宝完成快速的支付流程。支付宝支付网银使用简单，到银行存钱到卡里就可以购物，带上身份证，在柜台开通后就到网上激活，之后就可以使用了。

交费指南（图4.2.5）：

①登录支付宝"个人账号"，进入"首页"，点击"更多"，进入"生活交费"。

②选择客户所在"城市"，点击"电费"页面。

③选择客户所在地"供电公司"，录入"户号"后，点击"下一步"。

④核对确认"应缴金额、交费单位"等信息，输入"交费金额"，点击"立即交费"，完成在线支付。

图 4.2.5　支付宝在线交费

（6）电费网银交费

客户登录国网商城平台,通过企业电费网银、居民电费网银行功能,实现客户使用网上银行直接交纳电费,主要适用于企业事业单位用户,更优于银行划转,可以直接交费即销账到户。

【任务指导】

表 4.2.1　交费方式应用任务指导书

任务名称	交费方式应用		学时	2 课时
任务描述	完成电 e 宝、微信、支付宝电子支付交费操作			
任务要求	正确使用电子支付渠道进行交费操作			
注意事项				
任务实施步骤: 一、风险点辨识 电费交纳主要有电子支付渠道、电子支付渠道交费操作。 二、作业前准备 电 e 宝、微信、支付宝等 APP。 三、操作步骤及质量标准 1.电子支付渠道 电 e 宝、微信、支付宝、掌上电力等电子支付渠道。				

2. 交费操作流程

（1）电 e 宝交费操作指南

①点击"生活交费"，选择交费地区，填写客户编号，点击"立即交费"。

②核对用户信息，输入交费金额，点击"确认支付"。

③选择支付方式，点击"确认支付"，完成支付。

（2）微信交费操作指南

①进入微信"钱包"，点击"生活交费"，进入"电费"。

②选择"交费地区"，输入"用户编号"，点击"查询账单"。

③核对"用户信息、应缴金额"，点击"立即交费"，输入"支付密码"，完成支付。

（3）支付宝交费指南

①登录支付宝"个人账号"，进入"首页"，点击"更多"，进入"生活交费"。

②选择客户所在"城市"，点击"电费"页面。

③选择客户所在地"供电公司"，录入"户号"后，点击"下一步"。

④核对确认"应缴金额、交费单位"等信息，输入"交费金额"，点击"立即交费"，完成在线支付。

【任务评价】

表 4.2.2　交费方式应用任务评价表

姓名		班级		学号			
开始时间		结束时间		标准分	100 分	得分	
任务名称	电子支付交费方式应用						
序号	步骤名称	质量要求	满分（分）	评分标准		扣分原因	得分
1	电子支付渠道	填写准确	40	错一处扣 10 分			
2	交费操作流程	流程正确	60	错一处扣 10 分			
考评员（签名）			总分（分）				

任务4.3 远程费控

【任务目标】

熟悉远程费控基本知识以及远程费控定义、费控策略、功能、业务办理流程等。

【任务描述】

通过远程费控业务功能介绍、业务办理流程,掌握费控主要功能和业务办理流程。

【相关知识】

远程费控是指借助信息通信技术,通过实时费控、营销业务应用、用电信息采集等系统及手机短信、语音电话等互动平台,采集远程费控智能电能表信息,进行电费测算,远程下达电费预警、停复电等指令及信息,实现可用电费余额自动测算、交费信息自动预警、停复电指令自动发送的一种用户用电远程互动方式。

4.3.1 远程费控系统功能

营销远程费控系统(以下简称"费控系统")属集成应用系统,其中"冻结表码获取、短信自动发送、实时余额测算、停送电指令执行"等功能开展依托于SG186营销业务应用系统、用电信息采集系统、营销短信服务平台及采集终端、计量表计、通信状况,具有"管控面宽、专业跨度广、协同要求高"的特点。

费控系统具有三大核心业务功能,即自动测算实时余额、自动发送短信、自动执行指令,如图4.3.1所示。

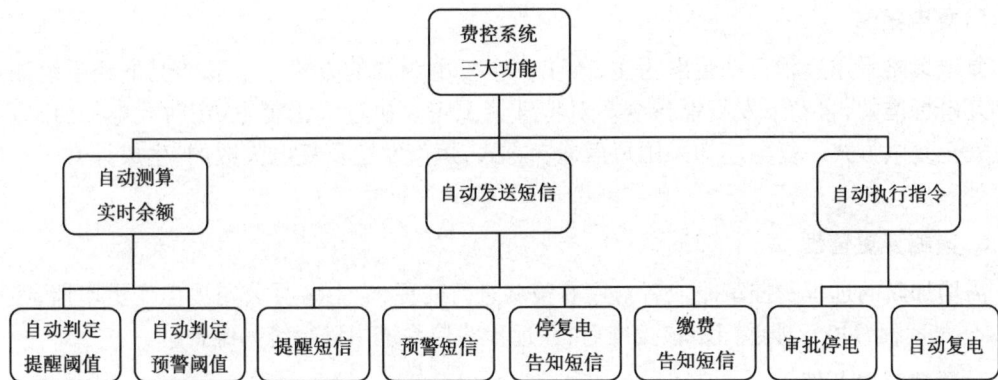

图 4.3.1　费控系统应用功能

4.3.2　远程费控策略

1)基本策略

①远程费控自动远程采集每日冻结表码,进行电费测算。

②远程费控自动比对测算电费和用户可用余额并进行扣减,根据可用余额值触发短信提醒、停电计划生成等操作。

③远程费控自动发送四类短信提醒,分别是余额不足提醒、待停电预警、已停电通知、已复电通知。

④远程费控可设置允许或禁止短信发送的时间段。

2)测算策略

①远程费控用户的测算频度:一天测算一次。

②远程费控用户的测算表码:取前两天0点表码。

③远程费控用户的测算原则:算法与营销业务系统保持一致,电价采用营销业务系统中用户的执行电价。

3)提醒策略

①用户电费可用余额低于提醒阈值时发送可用余额不足提醒通知,提醒通知采用短信方式。

②短信发送失败的,生成异常工单转人工通知送达。

③用户交费后,发送交费成功短信,告知用户交费金额和当前可用余额。

4)停电策略

停电策略采用审批停电方式,所有用户的停电指令均需经过审批后方可执行。停电通知采用待停电短信通知方式,短信发送及停电失败的,生成异常工单转人工处理。

5）复电策略

复电策略采用远程自动复电为主、人工安全复电为辅的方式。一般情况下经系统测算达到复电标准的,自动下发复电指令。对特殊情况需要执行人工复电、定时复电的,设置为人工安全复电方式。复电通知采用短信通知方式,短信发送及复电失败的,生成异常工单转人工处理。

6）策略变更管理

需增加新的远程费控策略或者对原有策略进行变更,应由区县公司提出变更申请,经市(州)公司远程费控管理部门审核批准后,在远程费控系统中进行统一维护。

7）策略触发条件

通过远程费控系统的电费测算,根据用户剩余电费金额以及用户所处停复电状态,确定需要执行的策略,具体标准如下。

①可用电费金额≤预警限额且剩余金额＞停电限额,执行预警策略。

②可用电费金额＜停电限额,执行停电策略。

③可用电费金额≥停电限额且用户为停电状态,执行复电策略。

4.3.3　远程费控办理

"远程费控"是智能电网背景下一种新兴预付费用电模式,主要是以具备费控功能的智能电能表为基础,以用电信息采集系统为依托,通过系统每日自动测算电费来实时监测电量、电费和停电、复电流程的远程自动化控制。

1）办理方法

①携带房产证明、房屋产权人身份证证明、经办人身份证等资料至当地供电营业厅办理。

②签订远程费控结算协议。

③自助预交电费。

2）远程费控办理原则

①用户在办理远程费控申请业务时,为防止发生接电后立即停电的情况,应根据实际用电情况预先交纳电费。原则上低压城镇居民用户首次购电一般不低于100元,低压农村居民用户首次购电一般不低于50元;单相一般工商业及其他用户一般不低于500元,三相一般工商业及其他用户一般不低于1 000元。

②用户可选择可用余额不足提醒阈值,并在远程费控结算协议中约定。

3）远程费控办理流程

①现场勘查确定用户是否具备实施远程费控的条件,包括台区是否完成集抄覆盖、终端是否可远程下发停复电指令、表计是否具备远程停复电功能等。

②向符合远程费控条件的用户详细介绍远程费控的运行方式、所享有的服务以及应遵

守的规定,正确引导用户根据自身实际情况签订远程费控结算协议。

③向用户详细介绍交纳电费的各种方式。

④在营销业务系统中正确录入费控参数,由本部门分管领导进行审批。

⑤按照用户确认的远程费控方案组织施工、检查、验收,完成现场安装调试工作后,检查现场报警、跳闸等设置是否正常。

⑥在流程归档环节,核查用户电话号码是否有效,与远程费控相关的信息是否维护准确。

⑦用户资料归档后,在 3 个工作日内正确维护远程费控相关档案信息和设置相关参数,确保远程费控应用正常。

4.3.4　电费智能结算方式推广

电费智能结算方式是依托远程费控系统电费测算功能,供电企业与电力客户间的电费结算由原来一个月结算一次变成每天结算、每月清算一次的方式。电费智能结算将对客户每日用电量进行计算,通过余额提醒短信及时告诉客户用电情况。

电费智能结算方式(远程费控)主要特点:①电能表表码自动采集,更精准。②余额自动提醒,更人性。③复电远程自动,更快速。④电费实时查询,更透明。⑤交费多种方式,更便捷。

电费智能结算方式需要注意:电费账户可用余额不足时系统将自动提醒,可用余额小于零时系统自动启动停电流程,任意渠道交费后可用余额大于零时,系统自动启动送电流程,如自动复电失败,将采取人工方式送电。

电费智能结算客户执行欠费停电的时间及规则:客户电费账户可用余额小于提醒值(一般为 20 ~ 500 元)时,发送余额提醒短信;电费账户可用余额小于 0 时,再发送待停电短信;待停电短信发送后 3 天内,将对客户进行停电。

目前,供电企业推广采用电费智能结算方式,供电企业和电力客户间的电费结算由原来的按月结算转变为按日结算,使客户能够更清晰、更便利地掌握自己用电情况。

4.3.5　远程费控催费及停复电

1)远程费控催费流程

①远程费控系统每日自动测算用户电量,对费控策略制定的可用余额低于提醒值的用户发送提醒短信,对低于预警值的用户发送待停电预警短信,发送成功后,自动修改用户停送电状态为"预警"。

②待停电短信发送执行失败或无回执的用户,应在失败后或无回执 30 分钟后在系统中执行短信补发;短信补发失败的,应进行录音电话通知;录音电话通知失败(无应答、无法接

通、号码错误等)的,应派发现场工作单进行停电通知单人工送达,并拍照取证;停电通知单送达后,应收回现场工作单及照片等资料存档备查。

2)远程费控停电流程

①远程费控系统对待停电短信发送执行成功的用户,自动生成停电计划,分单位批量显示在停电审批页面。

②经市(州)供电公司远程费控管理部门授予停电审批权限后,可以查看停电计划中的待停电用户并执行停电审批。

③每日上午,根据催费员名称和抄表段号,在停电审批环节刷新待停电用户的可用余额,并对可用余额仍低于预警阈值的用户执行停电审批。

④远程费控系统对执行停电审批的用户开始执行远程停电,执行成功后,自动修改用户停送电状态为"停电";对执行失败的,生成异常工单,并纳入用电信息采集系统黑名单。

⑤执行停电审批后,对异常工单中仍处于停电失败及无回执的用户,应填写纸质审批单,经分管领导批准同意后,在用电信息采集系统中执行停电,执行成功后将异常工单归档。

⑥用电信息采集系统执行停电失败的,应派发现场工作单进行现场人工停电,停电成功后将异常工单归档。

3)远程费控复电流程

①用户状态为"停电",交清欠费,且可用余额≥预警阈值时,远程费控系统自动对其执行复电指令,执行成功后,自动修改用户停送电状态为"正常"。

②对自动复电失败的用户,远程费控系统生成异常工单,并纳入用电信息采集系统黑名单。

③主动对费控异常工单中复电失败的用户重复执行复电。执行成功的,将异常工单归档。

④对复电失败或无复电成功回执的用户,在用电信息采集系统中执行复电。复电失败的,派发现场工单执行现场人工复电。现场复电成功后,应回收现场工作单并将异常工单归档,失败的,启动抢修流程处理。

【任务指导】

表4.3.1 远程费控业务推广指导书

任务名称	远程费控业务推广	学时	2课时
任务描述	指导客户办理远程费控业务		
任务要求	单独完成,按照远程费控规范与流程,指导客户如何办理远程费控业务,并签订远程费控结算协议。		
注意事项	费控业务办理原则,需签订远程费控结算协议		

任务名称	远程费控业务推广	学时	2 课时

任务实施步骤：

1. 风险点辨识

(1)签订远程费控结算协议,明确可用余额不足提醒阈值。

(2)客户联系电话正确。

(3)远程费控档案信息和参数设置正确。

2. 作业前准备

远程费控结算协议和笔。

3. 操作步骤及质量标准

(1)告知客户携带房产证明、房屋产权人身份证明、经办人身份证等资料至当地供电营业厅办理。

(2)告知费控业务办理流程及规定。

(3)指导客户签订远程费控结算协议。

(4)指导客户自助预交电费。

【任务评价】

表 4.3.2　远程费控业务推广任务评价表

姓名		班级		学号		
开始时间		结束时间		标准分	100 分	得分	
任务名称	居民客户电费计算					

序号	步骤名称	质量要求	满分(分)	评分标准	扣分原因	得分
1	远程费控业务办理资料	资料准备完整齐全	20	错一处扣 10 分		
2	远程费控推办理流程及规定	流程正确	30	错一处扣 5 分		
3	远程费控结算协议	结算协议签订正确	30	错一处扣 5 分		
4	指导客户预交电费	交费方式正确	20	错一处扣 10 分		
教师(签名)			总分(分)			

【情境总结】

　　电费回收是供电企业资金周转的一个重要环节,电费催收是保证电费按期全额回收的重要措施。本情景介绍了电费催收服务规范与服务技巧,各种交费方式的选择及应用,远程费控系统基本功能及应用。学生通过学习,能够熟悉电费催交服务规范,熟悉各类交费方式,掌握电费催交管理规定,熟悉远程费控功能并能推广应用。

【思考与练习】

　　1.电费违约金是如何计收的?

　　2.欠费停电程序是怎样的?

　　3.停限电通知书的送达方式有哪几种?

　　4.抄表收费服务规范有哪些内容?

　　5.电话催费的服务要点有哪些?

　　6.电费交纳主要电子支付渠道有哪些?

　　7.掌上电力的交费步骤有哪些?

　　8.什么是远程费控?

　　9.远程费控系统有哪些功能?

　　10.居民客户办理远程费控需要提供哪些资料?

　　11.远程费控系统触发预警策略、停电策略、复电策略的条件是什么?

　　12.什么是电费智能结算方式? 有何优点?

情境 5　营销账务处理

【情境描述】

　　本情境分为客户账务查询及客户对账;电费发票管理;电费账务处理三个学习任务。通过学习,学生能够熟悉客户电费账务查询及对账方法、掌握电费发票管理要求,熟悉电费收取差错异常的调整处理,具有为客户提供优质服务的能力。

【情境目标】

　　1.知识目标
　　(1)熟悉客户电费账务查询及客户对账。
　　(2)掌握电费发票开具及管理要求。
　　(3)熟悉电费账务异常的常用处理方法。
　　2.能力目标
　　(1)能根据要求查询客户电费明细账中客户电费余额情况。
　　(2)能准确及时与客户开展电费账务核对。
　　(3)能根据不同票据类型,向客户说明电费发票开具及管理要求。
　　(4)能及时分析和选择电费账务异常处理方式。
　　3.态度目标
　　(1)能主动学习,在完成任务过程中发现问题、分析问题和解决问题。
　　(2)养成严谨细致、一丝不苟的工作态度。
　　(3)严格遵守法规政策,爱岗敬业、勤奋工作。

任务 5.1　客户电费账务查询及对账

【任务目标】

1. 掌握利用 SG186 营销业务应用系统查询相关电费余额。
2. 熟悉客户电费对账要求及方法。

【任务描述】

1. 按给定的用户号进行客户应交金额、欠费金额、实时余额、账面余额等电费账务查询。
2. 学习客户电费对账规范、流程及对账函的查询。

【相关知识】

5.1.1　客户电费账务查询

在电力营销服务中,由于营销业务需要或用电客户咨询等原因,需要在营销业务应用系统中查询客户电费账务,这是最基本、最常用的一项业务操作。

1) 客户电费账务查询内容

客户电费账务查询内容主要含客户应收电费金额、收款金额、欠费金额、实收电费金额、预收电费余额、欠费余额,还包括电费年月、收费时间、交费方式等信息。

2) 客户电费账务查询的方法

营销业务应用系统中"客户明细账",记录每个用户的所有应收、交费、实收、预收记录,可同时累计客户欠费金额或预收费余额。

具体查询方法:通过营销系统"收费账务管理"模块,"电费收缴"业务子项,打开"客户明细账"查询功能界面,如图 5.1.1 所示,可查询客户电费明细信息,可直接输入"用户编号"或输入"用户名称",同时输入查询年份和月份,可查看客户在所选时段内,每月应收电费金额、每次收费金额和具体时间及方式、欠费余额、预收电费余额。

	记录日期	电费年月	摘要	应收电费	实收电费	欠费余额	收款金额	
1	20190101 00:00:00	201901	期初余额	0.00	0.00	0.00	0.00	
2	20190108 00:00:00	201901	发行电费	15,290.80	0.00	15,290.80	0.00	
3	20190110 16:34:48	201901	95598网站缴费转…	0.00	15,290.80	0.00	15,290.80	
4	20190203 00:00:00	201902	发行电费	15,675.30	0.00	15,675.30	0.00	
5	20190215 15:10:08	201902	95598网站缴费转…	0.00	15,675.30	0.00	15,675.30	
6	20190303 00:00:00	201903	发行电费	14,064.24	0.00	14,064.24	0.00	
7	20190314 07:24:42	201903	支付宝转帐缴费	0.00	14,064.24	0.00	14,064.24	
8	20190403 00:00:00	201904	发行电费	10,669.10	0.00	10,669.10	0.00	
9	20190410 09:51:05	201904	95598网站缴费转…	0.00	10,669.10	0.00	10,669.10	
10	20190507 00:00:00	201905	发行电费	9,328.66	0.00	9,328.66	0.00	
11	20190520 10:44:53	201905	95598网站缴费转…	0.00	9,328.66	0.00	9,328.66	
12	20190603 00:00:00	201906	发行电费	9,753.04	0.00	9,753.04	0.00	

图 5.1.1　客户明细账查询界面

其中,应收电费是指应该收取客户的电费金额;实收电费指客户交纳的电费金额;预收电费指客户交费金额中超过应收金额的部分,这部分系统会自动记入预收电费;欠费余额指截至某个时间点客户仍欠交电费金额;收款金额指客户每次交费的合计金额,有可能全部为实收电费,也可能包含实收电费和预收电费两部分金额。

3)客户电费账户余额和可用余额的区分

目前电力行业正在推广电费智能交费模式,类似手机话费的交费模式,先购买再消费。智能交费模式,实行"日测算,月结算",电力系统每天会对测算客户电费和预存电费进行比较,并用信息提醒用户及时预存电费,每月会进行一次性电费的结算,提供月度结算账单。故在每日清算电费与预存电费比较得出来的就是电费可用余额(见图5.1.2),那么按月结算,应收、实收对比后累计的客户明细账的账面余额即为电费账户余额。

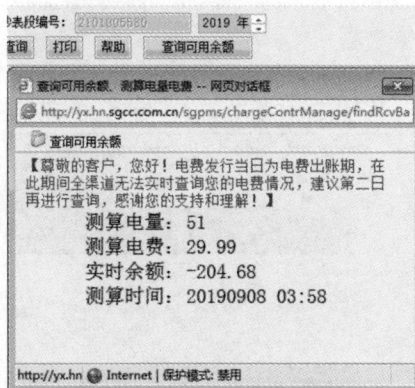

图 5.1.2　可用余额查询页面

5.1.2　居民(个人)客户电费实时余额查询方法

1)通过国家电网公司的官方网站或服务热线查询

方法一:打开国家电网官方网站,打开首页右侧的"电费查询",输入用户信息,点击"查询"按钮,如图5.1.3 所示。

图 5.1.3　电费查询页面

　　方法二:打开国家电网官方网站,点击"网上营业厅"→"用电查询"→"账户余额查询"。查询前需完成用户注册并激活账号,开通用电服务,如图5.1.4 所示。

图5.1.4　账户余额查询页面

方法三:打开国家电网官方网站,点击页面底部左侧"网上营业厅"模块的"电量电费查询",如图5.1.5所示。

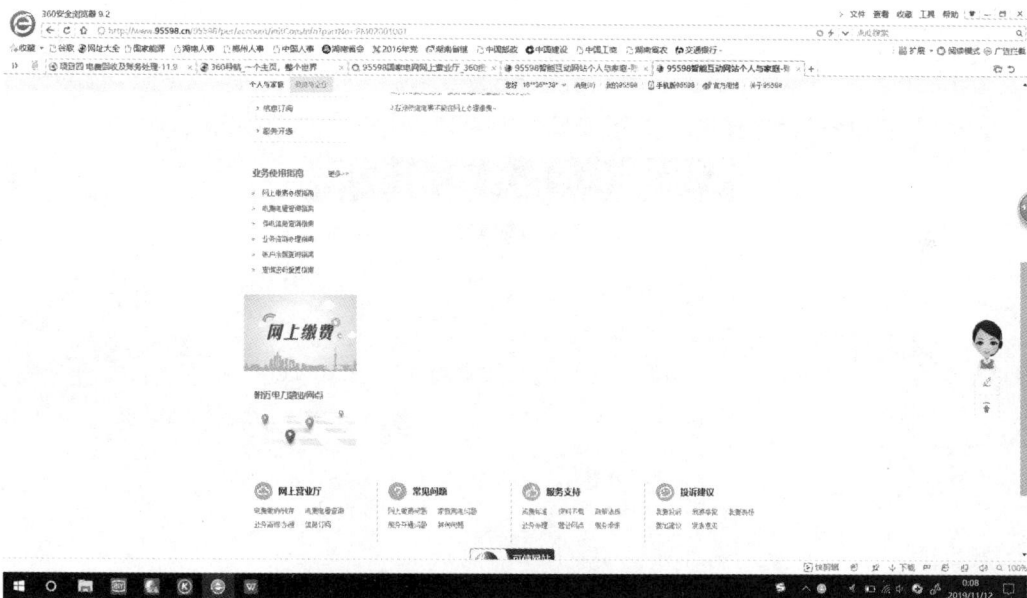

图5.1.5　营业厅电量电费查询页面

2)通过第三方机构查询电费余额的方法

①登录支付宝,选择"更多"选项。

②选择"生活缴费"页面中的"电费"选项,如图5.1.6所示。

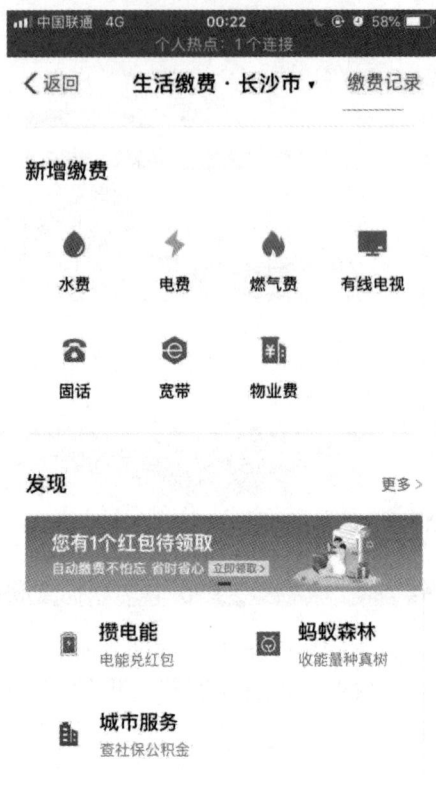

图 5.1.6　生活缴费页面

③在"缴费单位"栏选择供电公司、填写"用户号",如图 5.1.7 所示。

图 5.1.7　新增缴费账户页面

④点击"下一步"后就会出现所查询用户号的电费余额(欠费或预收费余额)。

5.1.3 客户电费对账管理

对账,简言之就是与业务往来单位的账务核对,主要针对双方债权债务账目记录的核对,验证双方记录是否相符。客户电费对账,是指按规定与用电客户进行欠费、预收费、违约金等电费往来账目的核对,所以客户电费对账工作的目的是为了及时确认电费权益,防范电费资金风险。

按电力企业工作规定,客户电费对账包括计划(按年度)对账和非计划对账两种形式。各单位必须实事求是地开展客户电费对账工作,严禁弄虚作假。具体要求:

①对专变客户、三相公变预购电客户及其他有欠费的公变客户应每年至少核对一次电费账目。客户电费计划对账应拟订年度对账工作计划,对账工作应在每年12月底前完成。

②客户办理拆表、销户、更名、过户、停用、暂拆等变更业务,或客户主动要求核对电费账目的,应及时与客户进行非计划对账。

③电费账目核实无误,填写《电费往来对账函》,供用双方签字盖章,注明对账日期,《电费往来对账函》一式两份,双方各执一份。

④电费对账函应使用营销业务应用系统统一的内容及格式,如图5.1.8所示。对账截止日期为对账日的上月末最后一天至对账截止日,无欠费的公变客户(不含三相公变预购电客户)可不发送电费对账函。

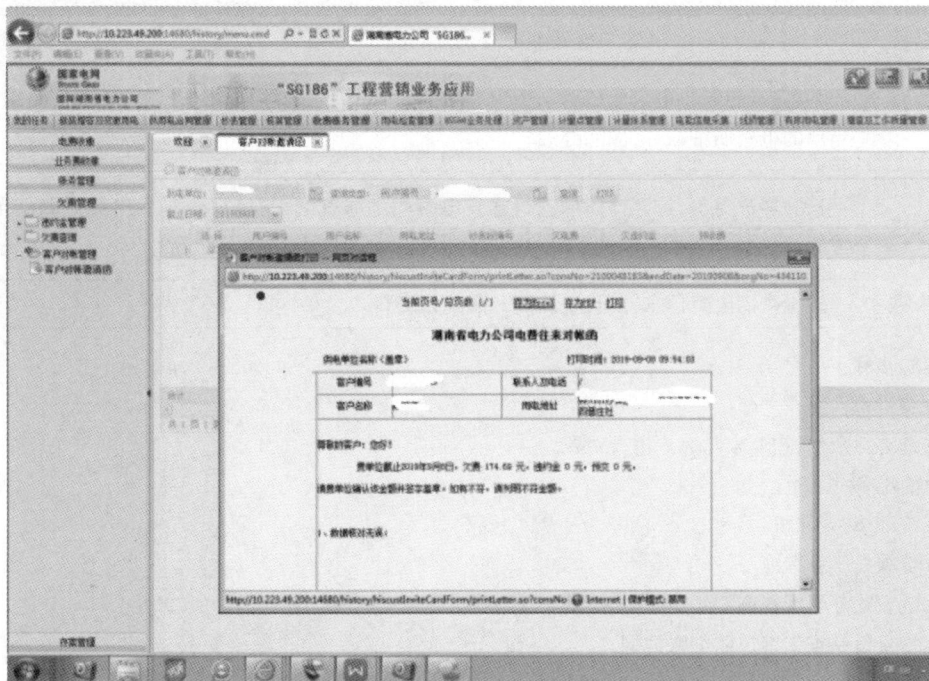

图 5.1.8　电费往来对账函

⑤客户核对电费对账数据相符,在电费对账函中"数据核对无误"栏签字盖章。客户核对电费账务数据不相符,在电费对账函中"数据不符"栏注明不相符数据金额及原因,并签字盖章。同时,供电单位编制对账余额调节表,由双方签字盖章认可。

⑥营销系统中以法人或其他组织名称立户的客户,应加盖客户财务公章或行政公章,公章名应与电费对账函中的客户名一致,签字栏应由客户对账人签字并填写对账日期。公章与客户名不一致时,可要求客户办理更名手续,或要求客户在对账函中明确"本单位与电费对账函中＊＊(客户名)系同一用电单位,对本次核对的电费账目负责",加盖客户单位公章,如为私营客户的,应提供工商营业执照复印件。

⑦以个人名称立户的客户,电费对账函的签字栏应由客户本人签字并填写对账日期。如名为个人实为企业或其他组织的,应加盖客户单位公章。对账对象如非立户人本人的,应由立户人出具承担相应连带责任的委托证明,委托证明应由委托人签字,是法人单位的还应加盖企业法人公章,确认对账委托关系。

⑧对延用原破产企业客户号的客户,对破产前欠费不承认的,应由该客户出具可不承担原破产企业欠费的有效证明。

【任务实施】

表 5.1.1　客户电费账务查询及对账任务指导书

任务名称	客户电费账务查询及对账	学时	2 课时
任务描述	某客户,想与供电企业核对一下电费账目,客户到营业厅申请进行账务核对,要求查询当前的电费明细账务,如何办理?		
任务要求	核验客户身份、按客户信息进行客户电费明细账查询,与客户核对后出具对账结果,双方确认。		
注意事项	准确查询电费信息,出具正确的对账确认资料。		

任务实施步骤:

1. 风险点辨识

准确查询客户余额,按要求与客户进行对账。

2. 作业前准备

营销系统环境,计算机。

3. 操作步骤及质量标准

①客户电费账务明细查询

核验客户身份→查询客户明细账数据。

②客户对账

打开客户对账资料→双方对账并签字。

【任务评价】

表 5.1.2　客户电费账务查询及对账任务评价表

姓名		班级		学号			
开始时间		结束时间		标准分	100 分	得分	
任务名称	客户电费账务查询及对账						

序号	步骤名称	质量要求	满分(分)	评分标准	扣分原因	得分
1	核验客户身份	居民客户核实身份证信息(企业客户核查单位证明与委托书等)	20	未核验相关资料,少一项扣 10 分		
2	查询客户明细账	准确找到查询界面,显示客户明细账数据	30	未查询、记录正确数据全扣		
3	打开客户对账资料	进入正确查询界面	20	未找到查询界面全扣		
4	双方对账	查询结果截图或打印对账函	30	结果错误全扣		
教师(签名)			总分(分)			

任务 5.2　电费发票管理

【任务目标】

1. 掌握电费发票的基本知识。
2. 掌握电子发票的管理规定。

【任务描述】

1. 了解电费发票的开具、作废、保管、交接等规定。
2. 了解电子发票的管理要求,学会在营销系统中开具、查询电子发票。

【相关知识】

5.2.1　电费发票基本概念

1)电费发票概念

发票是指在购销商品、提供服务及从事其他经营活动中,开具、收取的收付款凭证。电费票据包括电费发票和电费收据两种。电费发票的全称是电能销售专用发票,是供电企业在销售电力商品、提供服务,并确认收入后,向客户开具的法定交易凭证,也是客户据以报销的法定凭据。

2)电费发票和电费收据的区别

①电费发票可以作为报销的凭证,列入成本费用,而电费收据仅仅能够证明发生的现金关系,而无法列入成本费用;

②电费发票由税务机关统一印制、发放和管理,电费收据由供电单位自行印制和管理。

3)电费发票分类

电费发票分为增值税专用发票和普通发票两种,其作用不同,增值税专用发票是可以用作购买方抵扣增值税的;电费普通发票不可作抵扣用。增值税专用发票只限于一般纳税人使用,增值税小规模纳税人和非增值纳税人不得使用。

4)电费票据的作用

①电费票据是记录经营活动的证明。电费发票、预缴电费收据等票据完整记载了电能销售经济行为,盖有供电企业印章,记载有经办人信息,还具有监制机关、字轨号码、发票代码等,具有法律证明效力,是确认电能销售或预售真实性及有效性的重要依据。

②它是税务稽查依据。发票一经开具,票面载明的征税对象名称、数量、金额为计税提供了原始可靠依据;也为计算应税所得额、应税财产提供必备资料,是税务稽查入口和重心。

③它是加强财务会计管理的手段。发票是会计核算的原始凭证,正确地填制发票是正确进行会计核算的基础。

5.2.2　电费发票管理

1)发票管理规定

《中华人民共和国发票管理办法》中对发票管理与开具工作做出了明确规定:

所有单位和从事生产、经营活动的个人在购买商品、接受服务以及从事其他经营活动支付款项,应当向收款方取得发票。取得发票时,不得要求变更品名和金额。

任何单位和个人应当按照发票管理规定使用发票,不得有下列行为。

①转借、转让、介绍他人转让发票、发票监制章和发票防伪专用品。

②知道或者应当知道是私自印制、伪造、变造、非法取得或者废止的发票而受让、开具、存放、携带、邮寄、运输。

③拆本使用发票。

④扩大发票使用范围。

⑤以其他凭证代替发票使用。

2)电费票据和印章管理

①电费票据应严格管理。经当地税务部门批准后方可印制,并应加印监制章和专用章。电费票据的领取、核对、作废及保管应有完备的登记和签收手续。未经税务机关批准,电费发票不得超越范围使用。严禁转借、转让、代开或重复出具电费票据。票据管理和使用人员变更时,应办理票据交接登记手续。

a.建立电费发票管理台账。每月编制电费发票使用报表,内容包括电费发票入库数和起讫号码,领取数和起讫号码,已用数和起讫号码,作废数和发票号码,未用数和起讫号码。

b.电费发票应使用当地税务部门监制的专用发票,加盖"发票专用章"和填制人签章后有效。不得使用白条、收据或其他替代发票向客户开具电费发票。

c.电费发票应通过营销信息系统计算机打印,并在营销信息系统中如实登记开票时间、开票人、票据类型和票据编号等信息。严禁手工填写开具电费发票。

d.客户申请开具电费增值税发票的,经审核其提供的税务登记证副本及复印件、银行开户名称、开户银行和账号等资料无误后,从申请当月起给予开具电费增值税发票,申请以前月份的电费发票不予调换或补开增值税发票。

e.对作废发票,须各联齐全,每联均应加盖"作废"印章,并与发票存根一起保存完好,不得丢失或私自销毁。

②电费票据发生差错时,当月票据差错,必须收回原发票联并作废,同时开具正确的票据。往月票据差错,必须收回原发票联,开具相同内容的红字发票,并将收回的发票联粘贴在红字存根联后面以备核查,同时开具正确的票据。需要开具红字增值税发票的,必须按照税务有关规定执行。

③票据使用部门应设专人妥善保管空白票据、电费专用印章和票据登记簿,一旦发现票

据、印章丢失,应于发现当日立即向上级报告。票据管理和使用人员调动工作时,必须办理票据交接手续,移交票据。电费专用印章应严格在规定的范围使用,印章领用、停用以及管理人员变更时,应办理交接登记手续。

5.2.3 电费发票的开具

1)增值税专用发票开具要求

①客户申请开具电费增值税发票的,开票人员必须对客户是否是增值税一般纳税人进行审核,要求客户提供盖有"增值税一般纳税人"印章的《税务登记证》副本,以及经税务部门审批的《一般纳税人资格认定表》复印件,并对银行开户名称、开户银行和账号等资料审核无误后,经各单位财务人员审核后才能开具增值税专用发票,非一般纳税人可开具增值税普通发票。另外,对用户资质应每年审查一次,新申请用户从申请当月起给予开具电费增值税发票,申请以前月份的电费发票不予调换或补开增值税发票。

②开票人员将已开具的增值税专用发票交给客户时,应要求受票人在发票开具登记簿上签字,注明发票号码、开票单位、开票金额等信息。

③各业务单位应建立增值税专用发票登记制度,及时记载发票接收时间、发票号、金额、交票单位、交票经办人等要素。

④增值税发票必须由国税税控系统开具,不得手工开具、不得涂改,不得套开、虚开、代开、错位开、重复开,更不许开具空白发票。

⑤开具票据前应检查发票有无缺页、号码是否连续,发现问题应封存并报上一级发票管理人员处理。

⑥发票的使用内容要符合本单位经营范围,开具发票时要按顺序号全份复写,并加盖单位发票印章,发票全部联次一次填开,上、下联内容和金额一致。各栏目内容应填写真实、完整,包括客户名称、项目、数量、单位、金额,如填写有误,应另行开具,错票必须一式几联同时作废,并注明"作废"字样。

⑦若用户以普通发票换开增值税发票的,应收回原普通发票,核查其税务资质,无误后再予开具。

⑧票据管理人员应按税务部门规定,月末将税控系统内增值税相关数据信息进行上报。

2)普通票据开具要求

在收取电费或已缴费客户到柜面索取电费发票时,业务人员应为客户开具电费发票。发票应通过营销业务应用系统计算机打印,并在系统中如实登记开票时间、开票人、票据类型和票据编号等信息。严禁手工填开电费发票。不得使用白条、收据或其他替代发票向客户开具电费发票。

3)发票开具行为违规处罚

《中华人民共和国发票管理办法》明确规定违反规定虚开发票的,由税务机关没收违法所得;虚开金额在 1 万元以下的,可以并处 5 万元以下的罚款;虚开金额超过 1 万元的,并处 5 万元以上 50 万元以下的罚款;构成犯罪的,依法追究刑事责任。

5.2.4　电费票据的作废

①作废发票须各联齐全,每联均加盖"作废"印章,并与发票存根一起保存完好,不得丢失或私自销毁。

②作废发票应在营销业务应用系统内如实登记作废时间、作废人等信息。系统内所登记的作废信息必须与实际作废票据相符。

5.2.5　电费票据的保管

电费票据是十分重要的财务原始凭证,应根据财务制度规定保管电费票据。

①企业应建立票据登记簿,用以反映票据购领使用及结存情况。

②企业须设置专人登记保管发票。增值税专用发票须设置专门的存放场所。抵扣联按税务机关的要求进行登记并装订成册,不能擅自毁损发票的联次。

③已开具的发票存根和发票登记簿,应当保存 5 年,保存期满报经税务部门检查后销毁。增值税专用发票实行以旧换新的购领制度,凭用完的专用发票存根购买新的专用发票,存根联交回税务部门。

④发票丢失、被窃应及时报告税务机关,并采用有效方式声明作废。

5.2.6　电费发票交接

①各单位设置专人管理发票,建立电费发票交接台账登记制度,采用"票据领、用、存明细登记簿"和"库存票据登记簿"等台账,真实反映发票领用存情况,对电费发票的领取、核对、使用、作废、返还及保管进行完备的登记并办理签收手续。发票专责人在领用时应对发票进行清点,如有缺联、少份、缺号、错号等问题,应予以退回。

②电费发票的交接手续分票据使用部门、票据使用人二级办理。票据使用部门应指定专人按需向财务部门申请印制并领用票据,对份数、发票号码当场验证清楚后办理签收手续,发现有误立即提出并清点无误后签收。票据使用部门再将领用发票分配交接到本部门具体的票据使用人开展日常票据打印业务。二级票据交接工作均需在营销业务应用系统内登记,对领用的电费票据应妥善保管。

③票据委托银行、超市等第三方开具的,应执行与票据使用部门同样的领用、开具、核销

的管理程序。

④票据使用部门或票据使用人可根据需要定期或不定期返还未用票据到上一级票据管理人员,申请返还未用票据应在营销业务应用系统进行登记,记录返还结果(包括返还人员、入库人员、返还时间、入库机构、票据使用部门、张数、票据类别、票据号码等)。返还的未用票据可供其他开票人领用并使用。

5.2.7　电子发票管理

电子发票,是指各级单位在电力销售、营业收费等业务中,开具数据电文形式的收款凭证,以及收到数据电文形式的付款凭证,其法律效力、基本用途、使用规定等与税务机关监制的增值税普通发票相同。

1)电子发票申领

财务部门负责向主管税务机关申领电子发票,同时财务部门电子发票管理人员负责在税控服务器管理系统完成电子发票票源导入分发工作,确保电子发票数据的准确无误,营销部门配合做好申领相关工作。

2)电子发票开具

使用增值税电子普通发票的单位应通过增值税电子发票系统开具。增值税电子普通发票的开票方和受票方需要纸质发票的,可以自行打印增值税电子普通发票的版式文件。

3)电子发票报销

各级单位可运用信息化手段扫描电子发票,识别发票号码并进行存储记忆,通过电子发票的唯一性,自动比对查重,当出现电子发票重复报销时实现自动提示。

4)电子发票保管

电子发票存储期限应遵循《中华人民共和国发票管理办法》规定。存储期满后报经税务机关查验后方可销毁。

5.2.8　电子发票开具操作方法

1)用电客户电费实时开具

(1)功能菜单

电费收缴—电子发票业务—用电客户电费实时开具。

(2)操作步骤

选择供电单位→选择电费年月→输入用户编号,点击"查询"→选中可开票记录,点击"实时开票",提示"税控开票完成",增值税普通发票已经开具完成,如图5.2.1所示。

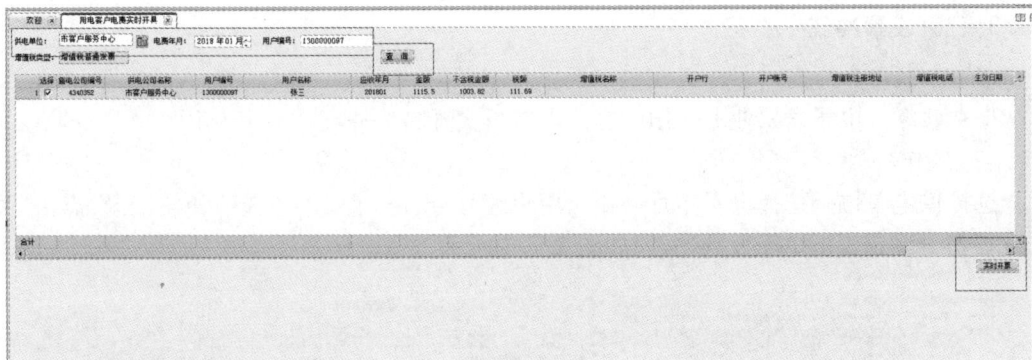

(a)

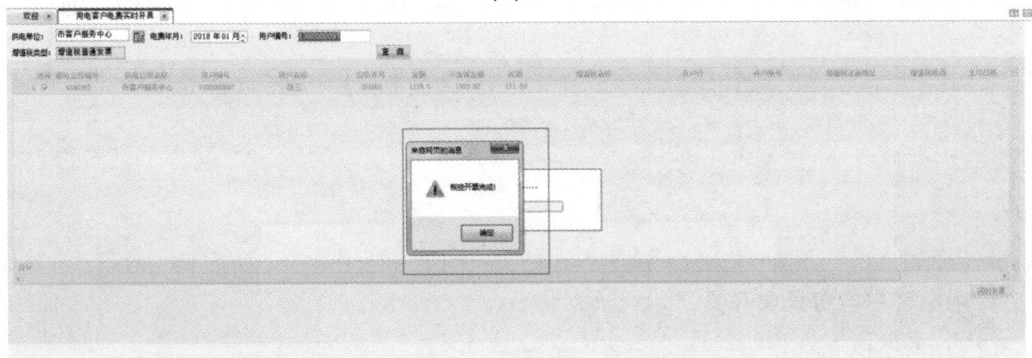

(b)

图 5.2.1　开具页面

2) 用电客户已开电费发票下载

(1) 功能菜单

电费收缴—电子发票业务—用电客户电费再次开具—下载。

(2) 操作步骤

选择供电单位→选择电费年月→输入用户编号→点击"查询",查询在实时开具界面已经开具的电子发票→选中开票记录→点击"下载",如图 5.2.2 所示,可将电子发票 PDF 文件保存至本地进行打印。

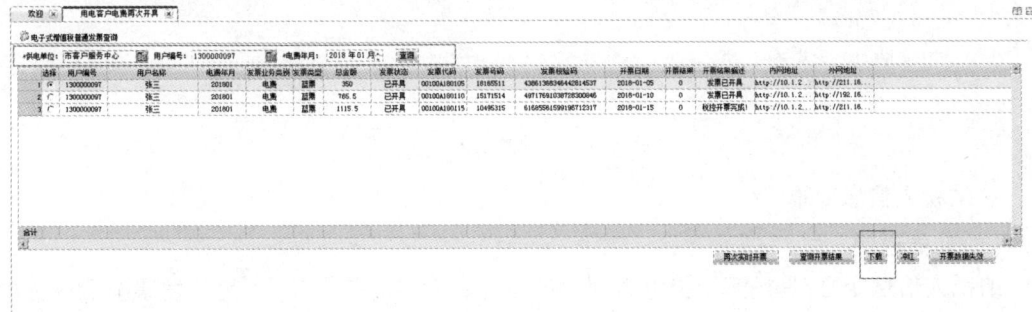

图 5.2.2　发票下载页面

3）已开发票冲红

（1）功能菜单

电费收缴—电子发票业务—用电客户电费再次开具—冲红。

（2）操作步骤

选择供电单位→选择电费年月→输入用户编号，点击"查询"→选中开票记录，点击"冲红"，可将开具错误的电子发票冲红，如图5.2.3所示。

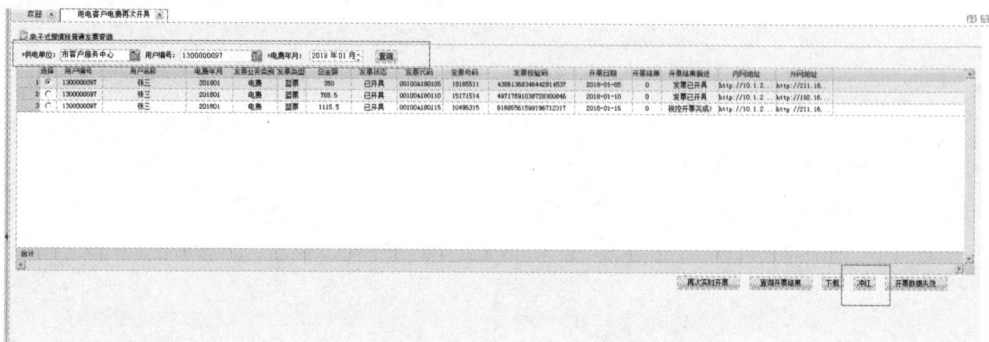

图5.2.3 已开发票冲红页面

4）用电客户电费再次开具

（1）功能菜单

电费收缴—电子发票业务—用电客户电费再次开具—再次实时开票。说明：本操作可对实时开具未成功的明细进行再次开具。

（2）操作步骤

选择供电单位→电费年月→输入用户编号，点击"查询"→选中开票记录→点击"再次实时开票"，如图5.2.4所示。

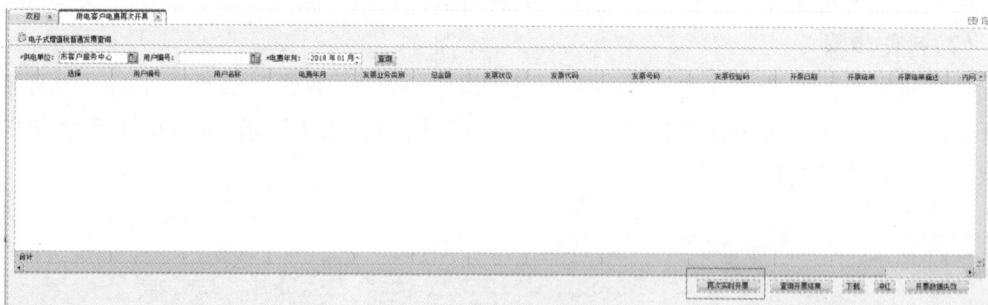

图5.2.4 再次开具页面

5）纳税人信息变更

（1）功能说明

纳税人信息变更，是用于维护电力用户的需开具发票的基本信息，就是发票上购买方的信息，主要包括名称、纳税人识别号、地址、电话、开户行、账号。

（2）功能菜单

电费收缴—电子发票业务—纳税人变更流程—纳税人变更流程。

（3）操作步骤

选择用户编号→输入纳税人编号、纳税人名称等信息后保存→点击"选择发送"，发送至下一步→待办工作单中签收"纳税人信息变更审核"→选择审核结论，填写审核后保存→点击"选择发送"将流程发送至下一步→待办工作单中签收"信息归档"→核对信息后点击"发送"→将流程归档。

【任务指导】

表 5.2.1　电费发票管理任务指导书

任务名称	电费发票管理		学时	2 课时
任务描述	某企业客户到电力营业厅办理开户业务,营业人员在受理客户新装用电业务时,收集客户基本信息,其中电费账务信息中,包含的电费发票信息的录入,营业人员应如何办理。			
任务要求	从用户性质,询问客户所需发票类型,并向客户收集相关资料,告之客户取得电费发票的方式。			
注意事项	选择正确的发票类型,出具收集正确的资料。			
任务实施步骤: 1. 风险点辨识 选择正确的发票类型,出具收集正确的资料。 2. 作业前准备 营销系统环境,计算机。 3. 操作步骤及质量标准 (1)收集信息,确定票据类型。 (2)核验客户相关资料。 (3)维护信息系统资料。				

【任务评价】

表 5.2.2　电费发票管理任务评价表

姓名		班级		学号				
开始时间		结束时间		标准分	100 分	得分		
任务名称	电费发票管理							
序号	步骤名称	质量要求		满分(分)	评分标准		扣分原因	得分
1	确定票据类型	根据客户类型及客户需求确定		30	未正确确定全扣			

续表

序号	步骤名称	质量要求	满分(分)	评分标准	扣分原因	得分
2	核验客户相关资料	按要求向客户收集相关资料	40	未核验相关资料,少一项扣10分		
3	系统维护票据信息	进入正确维护界面、截图	30	结果错误全扣		
	教师(签名)		总分(分)			

任务 5.3   电费账务处理

【任务目标】

1. 了解电费账务处理的程序、主要业务类型;
2. 掌握电费收取差错异常的调整处理。

【任务描述】

电费收取异常、差错的处理,重点掌握电费余额调账处理流程。

【相关知识】

5.3.1   电费账务处理程序

1)电费账务处理环节

一般而言,电费账务处理分为销账、记账、对账、关账四个环节。

(1)销账

销账是通过各种收费方式(如转账支票、银行汇票、银行代收代扣、前台坐收等)在系统销账,也包括退费、调账、差错处理等业务,处理完业务后进行相关数据提交。

(2)记账

记账是将相关附件核实无误后,对应销账产生的交接单,进行相关系统操作,产生系统记账凭证。

(3)对账

对账是通过系统的记账凭证与银行账相核对,查找出各类未达款项,进行补充处理,最后编制出银行余额调节表。

(4)关账

确认一个会计期间结束,开展会计期末的账目统计工作,形成各类数据报表,审核账目和报表的平衡关系,通过系统的检测和人工比对,检查本会计期间的会计核算工作,纠正问题,更正错误。完毕后,系统根据确定的关账模式完成相应的处理,一经关账,本会计期间的电费账务数据不允许再变更,新业务记入下一会计期间。

2)电费账务交接

根据业务流程及权限设置,操作人员无法对某项业务进行全过程处理,一般须按照系统的流程,逐步流转,最终实现闭环。在电费账务的系统数据处理中,几乎全部业务都体现了交接过程,如:

(1)收费处理

收费业务处理—解款—生成(发送)交接单—实收审核—收费交接—凭证审核记账。

(2)银行汇票处理

登记—审批—销账—生成(发送)交接单—实收审核—收费交接—凭证审核记账。

(3)退费处理

发起退费流程—分级审批—退费—生成(发送)交接单—实收审核—收费交接—凭证审核记账。

各项业务都是通过多环节、多步骤体现,每一个步骤就是一次数据交接。

电费账务资料主要包括电费账簿、记账凭证、电费收入等相关报表及相关说明等。

3)电费回收账务主要业务类型

(1)银行转账

根据从银行取得的回单或从网银上查询的资金入账记录作为核对依据进行录入操作,回单录入操作时,应核对客户号、缴费金额、银行账号等信息,如回单信息与系统不符,应要求提供相关证明资料,核实清楚后方可录入。

(2)前台坐收

电费中心应审核客服营业厅坐收人员系统提交的数据与电费业务交接单、银行解款单数据是否一致,是否及时提交数据和单据。作为前台坐收人员来讲,收取电费时应问清客户名称,核对客户编号等信息,告知客户电费金额及收费明细,避免错收;收取现金时,应当面点清。当日工作结束后,应该进行五核对(当日收取现金、现金解款单、票据存根、收费日报表及业务交接单)。

①审核实收电费存根条和银行进账回单以及实收日报的全部金额是否相符;

②复核实收电费发票上各项电费及代收款项的金额与实收日报的内容是否相符;

③复核未收电费发票的份数、金额与实收日志上反映的份数与金额的总和是否与发行数相符。

(3)银行代收代扣

每日应核对金融机构代收数据,核对日实收电费交接报表中的数据与实收单据的数据是否一致,无误后,根据相关数据在系统进行相应操作。

(4)业务费收费

取得业务费收入的收款凭据,在系统中核查已进行费用确认流程,核对户名、金额、时间等要素,在营销系统中进行业务费收费操作。

(5)实收退费

审核用户要求退款的内容是否真实,用户提供的资料是否齐全。根据用户提供的资料,填制退款工单,工单中应注明退款用户、退款类型、退款金额、收款人名称、开户银行、开户账号。应在营销信息系统中进行退款申请。

(6)物电互抵

应审核、签收抹账、列账单等资料,在规定的时限正确录入营销信息系统。

(7)应收记账

应核对应收月报中应收电费金额,与电力销售情况明细表、应收电费交接报表中电费合计金额是否一致,生成应收记账凭证。应收电费发行月报表应有电费核算班负责人签字。

(8)预收转实收

客户发行电费时,如客户有预收余额,系统自动预收费冲抵电费;当出现客户当月有欠费也有预收费时,系统检索记录,可手动预收费冲抵电费。提取的预收费必须小于或等于预收费余额。手动冲抵电费时提取的预收费原则上是只能冲抵用户本身与关联户的欠费,如要抵其他用户的欠费,客户应提供同意提取其预收费抵电费的证明。

(9)银行承兑汇票收取

检查汇票内容是否真实,是否有票面污损、填写不清晰、背书不规范等现象,收费人员核查无问题后在营销系统中登记票面信息,发送审批,账务人员核对银行汇票票面信息是否与营销系统登记一致,按流程进行审批,办理相关交接签收手续。

(10)差错处理

应根据调账工单在营销信息系统中进行实收差错、调账等系统操作,并进行相应的账务处理,账务处理时,应核对调账的客户号、客户名、金额是否正确,附件是否真实、完整。

5.3.2 错收业务处理方法

1)当日冲正

当日收费解款前发现的错收费用可进行冲正处理,撤销当笔错误操作,重新按正确的客户及金额收取费用。冲正处理时记录冲正原因,如果发票已打印的,收回并作废。冲正只能全额操作,不允许部分冲正。

2)隔日差错

当错收电费已确认实收并解款后,无法撤销错误操作,可在次日或发现差错的当日申请差错处理,经过规定的审批流程后,按当笔收费的资金形式,全额差错处理,不允许部分差错。

3)隔日调账

当错收电费已确认实收并解款后,无法撤销错误操作,但当笔收费系客户确认错误,所收资金正确时,可在次日或发现差错的当日申请调账(系统中称为"预收余额调账"功能),经过规定的审批流程后,将错收电费从错收客户电费中调减,重新收到应收客户的相关费用中。这种处理方式只是将所收费用从一个客户调到另一个客户,金额不发生变化。

5.3.3　预收余额调账操作

1)预收余额调账功能

营销业务应用系统的预收余额调账功能,适用于以下三种情况:一是过户用户需将老用户预收余额调到新用户;二是销户用户需将预收余额调到相关用户;三是用户通过第三方渠道交费错误需将预收余额调账到正确用户。营业人员受理业务收集核实资料后,可在系统中发起预收余额调账业务,并按电费退费金额大小完成分级审批,全部审核流程完成后,账务人员查询流程进行预收余额调账的账务处理。

2)预收余额调账工作要求

①发生客户过户、销户、线上交费错交等情况时,需将客户的余额(或收款金额)调到另一客户,应提出申请并填写预收余额调账工单。

②调账工单应注明调账客户号、客户名、调账原因、调账类型、调账金额。

③应提供调账的依据。

④调账申请应由申请单位主管领导或相关部门负责人审批。

3)预收余额调账操作流程

打开"收费账务管理"—"电费收缴"—"预收余额处理"界面—"预收余额调账"功能,出现"预收余额调账申请"界面,录入调出用户编号,点击"查询"按钮,可查询展示:调出用户的用户名称、用户编号、预收余额、欠费余额。录入调入用户编号,点击"查询"按钮,查询展示调入用户的电费余额情况。根据调账业务的不同,选择"调账类型":过户、销户、错交,填写调账原因,上传附件资料,点击"发送"按钮,系统自动保存并发送至审批环节。预收余额调账申请界面如图 5.3.1 所示。

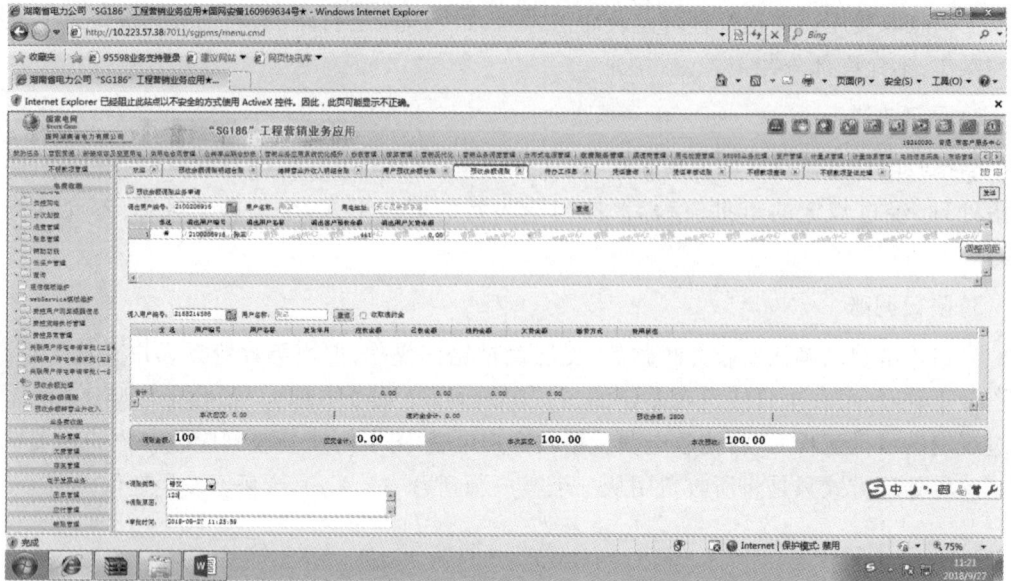

图 5.3.1　预收余额调账申请界面

　　预收余额调账业务流程按调账金额大小分级审批,审批分级和角色设置同电费退费流程。审批人员点击"待办工作单",打开预收余额调账审批界面,录入审批意见,点击"保存"和"发送"按钮,完成审批,发送到账务处理环节。调账审批界面如图 5.3.2 所示。

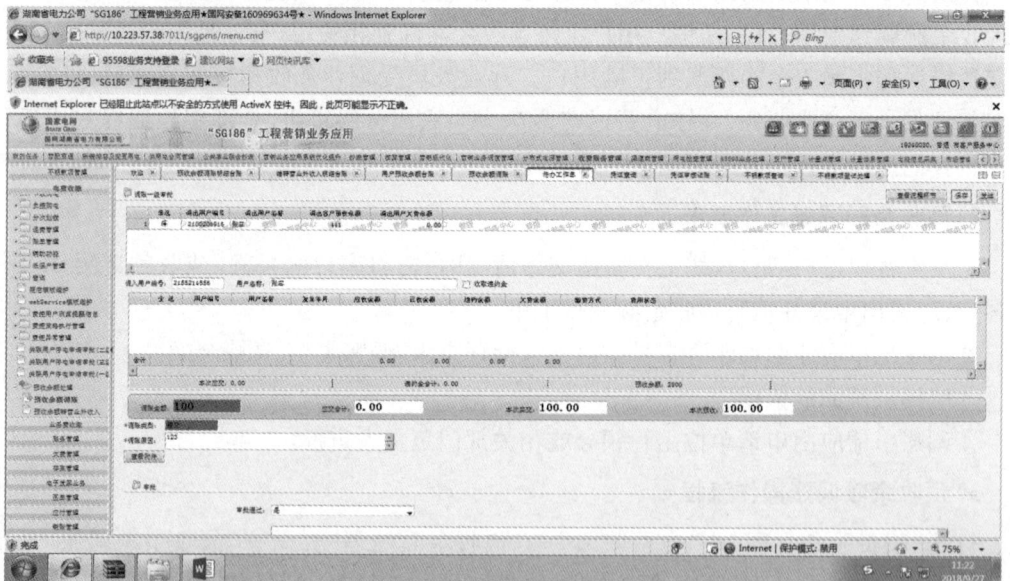

图 5.3.2　调账审批界面

　　账务人员在"待办工作单"中查找调账流程,点开预收余额调账处理界面进行预收余额调账处理,再进入"收费账务管理"—"电费收缴"—"坐收"—"调账解款"进行解款操作,依次按照账务处理流程,进行后续实收审核、收费交接、凭证审核记账。调账解款界面如图5.3.3所示。

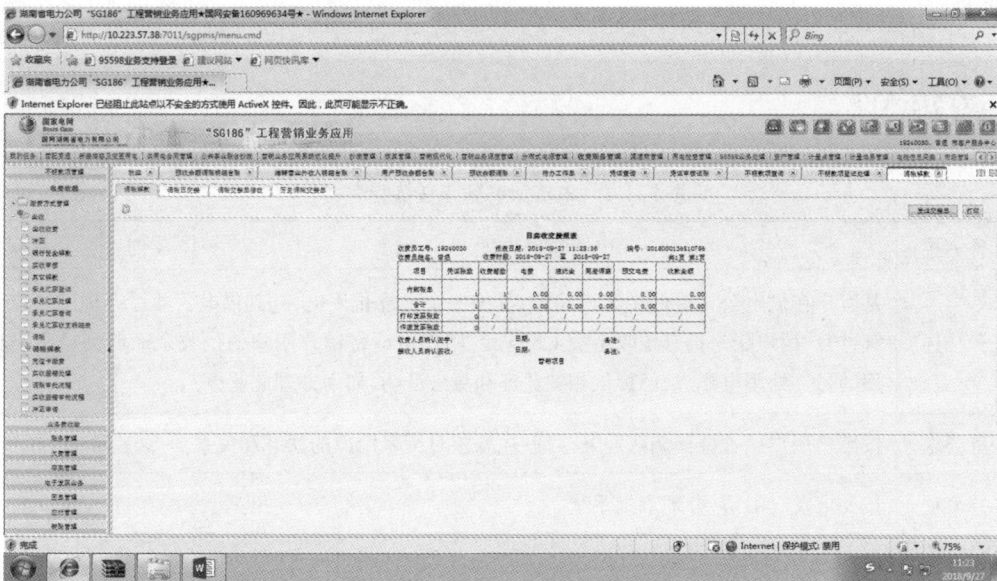

图 5.3.3　调账解款界面

4)《预收余额调账明细台账》功能

预收余额调账明细台账功能,用于查询、导出、保存预收余额调账明细记录,方便用户查询、营销人员统计和管理此类业务。此功能界面可按供电单位、用户编号、时间、金额等条件进行组合查询预收余额调账明细记录,可对查询展示记录批量导出。

操作流程:打开"收费账务管理",选择"账务管理"—"预收管理"—"预收余额调账明细台账",录入供电单位、调出用户编号、调入用户编号、调账时间、调账金额等查询条件进行查询,可以点击记录下方的图标█,导出已展示的记录。预收余额调账明细台账查询界面如图5.3.4所示。

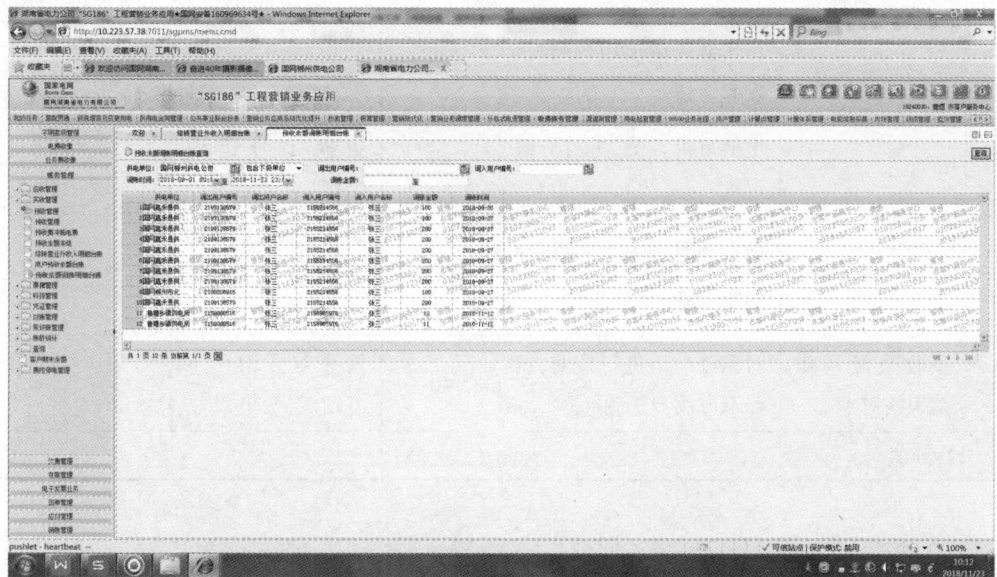

图 5.3.4　预收余额调账明细台账查询

【任务指导】

表 5.3.1 电费账务处理任务指导书

任务名称	电费账务处理	学时	2 课时
任务描述	某客户在供电公司有两个客户编号,其中一个已终止用电,并到供电营业厅办理了销户手续,销户用户账户仍有预收余额 1 650 元,用户申请将销户用户的预收余额调到自己仍在用的另一处用电账户,已提供相关凭证和身份证明,如何办理此业务?		
任务要求	按销户用户预收余额调账业务办理,注意核对调账用户的状态和关系。		
注意事项	按要求发起申请,办理审批手续。		

【任务评价】

表 5.3.2 电费账务处理任务评价表

姓名		班级		学号			
开始时间		结束时间		标准分	100 分	得分	
任务名称	电费账务处理						

序号	步骤名称	质量要求	满分(分)	评分标准	扣分原因	得分
1	发起调账申请	核实调入调出用户情况,发起申请	20	申请报错全扣		
2	审批	更换审批人员,进行分级审批	20	更换工号错误全扣		
3	预收余额调账	按用户要求进行用户间调账处理	20	调账未解款扣 20 分,未发送下一环节,扣 10 分		
4	预收余额调账结果核对	对调账结果进行核对,调账双方用户正确	40	调账双方用户一方错误,全扣		
教师(签名)			总分(分)			

【情境总结】

本情境介绍了客户账务查询的方法以及与客户对账要求、电费发票的保管与使用、电费账务处理程序、电费收取差错异常的调整处理。通过学习,学生能够熟练查询客户电费账务,能与客户进行初步的电费对账,正确开具电费发票,按规定对错收电费进行调整处理。

【思考与练习】

1. 客户账面余额与实时余额有什么区别?

2. 有哪些渠道可查询到电费余额?

3. 电费发票开具有何要求?

4. 电子发票可多次打印,属重复打印吗?

5. 电费账务调账、差错处理需审核哪些资料?

6. 电费账务资料主要包括哪些?

7. 预收余额调账适用于哪几种情况?

情境 6 线损分析与售电统计

【情境描述】

本情境包含配网线损计算、用电信息采集系统线损分析、售电统计分析三个学习任务；通过学习,学生掌握线损概念,会计算台区线损,掌握降损技术措施和管理措施,熟悉用电采集系统线损分析方法,熟悉售电均价分析法。

【情境目标】

1. 知识目标
(1)掌握线损基本概念、分类及计算方法。
(2)熟悉降低配网线损的管理措施和技术措施。
(3)熟悉供电量、售电量、售电均价的统计与分析。
2. 能力目标
(1)能统计和分析配网线损。
(2)能制定配网降损的管理措施和技术措施。
(3)能应用用电信息采集系统分析台区线损合格率。
3. 态度目标
(1)能主动学习,在完成任务过程中发现问题、分析问题和解决问题。
(2)养成严谨细致、一丝不苟的工作态度。
(3)严格遵守法规政策,爱岗敬业、勤奋工作。

任务 6.1　配网线损计算

【任务目标】

掌握线损概念及线损分类,熟悉台区线损计算方法,掌握降损措施。

【任务描述】

依据给定的 10 kV 线路营销数据,自己设计表格利用计算机计算该线路高压线损电量及高压线损率、公变台区低压线损电量及低压线损率、10 kV·A 线路综合线损电量及综合线损率,并提出降低线损的改进措施。

【相关知识】

6.1.1　线损的基本概念

1)线损定义

电能从发电机传输到电力用户,在电网输电、变电、配电和营销各环节中所产生的电能损耗和损失,称为线损电量,简称线损。电网中产生线损的原因主要有电阻作用、磁场作用和管理方面的因素等。

（1）电阻作用

电网中输电线路、变压器、用电设备等都存在电阻,所以电能在电网传输过程中,电流要克服电阻的作用而流动,随之引起导电设备温度升高和发热。电能以热能和电晕的形式散失于导电设备周围介质中,即产生了电能损耗(线损)。这种损耗是由导电设备电阻对电流阻碍作用而引起的,故称为电阻损耗;又因为这种损耗是随着导电设备中通过的电流大小而变化的,故称为可变损耗。

（2）磁场作用

在交流电路中,电流通过电气设备,使之建立并维持磁场,如电动机需要建立并维持旋转磁场,才能正常运转,带动机械负荷做功;又如变压器需要建立并维持交变磁场,才能起到升压或降压的作用,把电能输送到远方或者把电能变压为便于用户使用的电能。电流通过电气设备,电气设备吸取系统的无功功率,并不断地交换,从而建立并维持磁场,这一过程即为电磁转换过程。在此过程中,由于交变磁场的作用,在电气设备铁芯中产生了磁滞和涡流,使铁芯发热,从而产生了电能损耗,因这种损耗是由交流电在电气设备铁芯中建立和维护磁场的作用而产生的,故称为励磁损耗(其中以磁滞损耗为主,涡流损耗极小),且这种损耗与电气设备通过的电流大小无关,而与设备接入的电网电压等级有关,因电网电压等级固定,故又称之为固定损耗。

（3）管理方面

由于供电公司相关部门和人员管理不够严格,制度不健全,致使工作中出现一些问题造成电能损耗。例如,用户违章用电和窃电,电网设备绝缘水平差造成漏电,电能计量装置误差以及抄表人员漏抄、错抄等原因引起的电能损失。这种损耗没有规律并且不易测算,故称为不明损耗,又因为这种损失是由于供电公司管理因素造成,故又称之为管理损耗(或营业线损),主要因为对线损工作管理没有达到与所定目标值相对应的水平。

2）配电网与台区

电力网中起分配电能作用的网络称为配电网。配电网按电压等级来分类,可分为高压配电网(35～110 kV),中压配电网(6～10 kV),低压配电网(220/380 V);在负载率较大的特大型城市,220 kV 电网也有配电功能。按供电区的功能来分类,配电网可分为城市配电网、农村配电网和工厂配电网等。

电力系统中,台区是指(一台)变压器的供电范围或区域,供电企业实行分台区管理,台区供电量、台区售电量、台区低压线损率成为非常重要的考核指标。

3）线损的构成与分类

在实际工作中分析配电网线损时,常用的有实际线损、理论线损(技术线损)、管理线损、经济线损和定额线损 5 类。

（1）实际线损(统计线损)

实际线损来源于从电能计量装置上读取的电量数值和读取数值的时间,全部供电关口的电能计量装置读数之和为供电量,全部用户的电能计量装置读数之和为售电量。实际线损电量是供电量与售电量的差值,也就是电能总损耗。

$$实际线损电量 = 供电量 - 售电量$$

（2）理论线损(技术线损)

理论线损即技术线损,包含可变损耗和固定损耗,是根据供电设备的参数和电力网当时的运行方式及潮流分布以及负荷情况,由理论计算得出的线损。它是电网系统中必然存在的,其数值可通过各种计算方法算出。按电力网电能损耗管理规定的要求,35 kV 及以上系统每年进行一次理论线损计算,10 kV 及以下至少每两年进行一次理论线损计算,当电网结构发生大的改变时,要增加理论线损计算次数。

$$理论线损电量 = 固定损耗 + 可变损耗$$

理论线损电量为下列各项损耗电量之和：

①35 kV 及以上电力网（包括交流线路及变压器）的电能损耗；

②6～20 kV 配电网（包括交流线路及公用配电变压器）的电能损耗；

③0.4 kV 及以下低压网的电能损耗；

④并联电容器、并联电抗器、调相机、电压互感器的电能损耗和站用变的电能等；

⑤高压直流输电系统（直流线路,接地极系统,换流站）的电能损耗。

（3）管理线损（营业线损）

管理线损是由与管理方面的因素而产生的损耗电量,它等于实际线损与理论线损的差值。管理线损包含计量管理线损、营业线损及其他原因管理线损。其他原因管理线损包括 TV 熔丝熔断或 TV 投切不做记录等造成的电量损耗,因电网系统运行方式不合理造成电量损耗等。

（4）经济线损

经济线损是对于设备状况固定的线路,理论线损并非为一固定的数值,而是随着供电负荷大小变化而变化的,实际上存在一个最低的线损率,这个最低的线损率称为经济线损,相应的电流称为经济电流。

（5）定额线损

定额线损也称线损指标,是指根据电力网实际线损,结合下一考核期内电网结构、负荷潮流情况以及降损措施安排情况,经过测算,经上级批准的线损指标。

配电网损耗的构成以及它们之间的关系如图 6.1.1 所示。

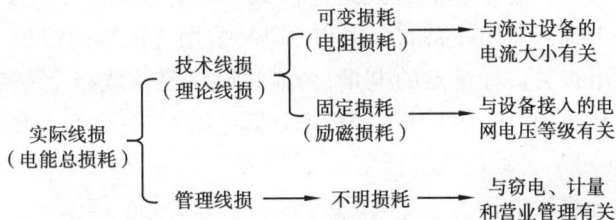

图 6.1.1　配电网线损构成

6.1.2　线损率的基本概念

电网中的线损电量占供电量的百分比称为线路损失率,简称线损率。即

$$线损率 = \frac{线损电量}{供电量} \times 100\% \qquad (6.1.1)$$

在实际工作中线损率有两个对应值,即实际线损率和理论线损率。

$$实际线损率 = \frac{实际线损电量}{供电量} \times 100\% = \frac{供电量 - 售电量}{供电量} \times 100\% \qquad (6.1.2)$$

$$理论线损率 = \frac{理论线损电量}{供电量} \times 100\% = \frac{固定损耗 + 可变损耗}{供电量} \times 100\% \qquad (6.1.3)$$

供电企业配网线损管理中,常用的线损率有 10 kV 专线线损、0.4 kV 台区线损、10 kV 公线高压线损以及 10 kV 配网(公线)综合线损、10 kV 综合线损率,下面介绍这几种线损率的计算方法:

1)10 kV **专线线损率**

10 kV 专线是指用户专用的 10 kV 线路,专线供电量是从变电站引出的该 10 kV 出线关口计量点的电量,专线售电量是该专变用户使用的实际电量。10 kV 专线线损率计算公式如式(6.1.4)所示。

$$10 \text{ kV 专线线损率} = (G_z - S_z)/G_z \times 100\% \tag{6.1.4}$$

式中 G_z——10 kV 专线供电量;

S_z——10 kV 专线用户售电量。

2)0.4 kV **台区线损率**

0.4 kV 台区线损率是指公变台区的线损,其供电量为变压器低压侧关口计量点的电量,售电量为该变压器台区下所有用户使用的电量之和,0.4 kV 台区线损率计算公式如式(6.1.5)所示。

$$0.4 \text{ kV 台区线损率} = (G_T - S_T)/G_T \times 100\% \tag{6.1.5}$$

式中 G_T——0.4 kV 台区供电量;

S_T——0.4 kV 台区用户售电量。

3)10 kV **公线高压线损**

10 kV 公线是指 10 kV 公用线路,该线路包含 10 kV 专变客户和 10 kV 公变台区,10 kV 公线高压线损包含了 10 kV 公用线路的线损和 10 kV 公用变压器的线损。其供电量是从变电站引出的该 10 kV 出线关口计量点的电量,公线售电量是该线路上专变用户使用电量和公变台区的供电量之和。10 kV 公线高压线损率计算公式如式(6.1.6)所示。

$$10 \text{ kV 公线高压线损率} = (G - G_T - S_z)/G \times 100\% \tag{6.1.6}$$

式中 G——10 kV 公线供电量;

G_T——0.4 kV 台区供电量;

S_z——10 kV 专变用户售电量。

4)10 kV **公线综合线损**

10 kV 公线综合线损包含了 10 kV 线路上的损耗、公用变压器的损耗和低压台区损耗之和。其供电量是从变电站引出的该 10 kV 出线关口计量点的电量,售电量是该线路上专变用户使用电量和公变台区的售电量之和。10 kV 公线综合线损计算公式如式(6.1.7)所示。

$$10 \text{ kV 公线综合线损} = (G - S_T - S_z)/G \times 100\% \tag{6.1.7}$$

式中 G——10 kV 线路供电量;

S_z——10 kV 专变用户售电量;

S_T——0.4 kV 台区用户售电量。

5)10 kV **综合线损率**

10 kV 综合线损是指 10 kV 配网中的所有损耗,包含了 10 kV 配网的专线和公线上的损

耗电量以及低压台区损耗电量之和。其供电量是配网中所有 10 kV 出线关口计量点电量之
和,售电量是配网中所有专变用户使用电量之和与所有公变用户使用电量之和。10 kV 综合
线损计算公式如式(6.1.8)所示。

$$综合线损率 = [(G_{(专)} + G_{(公)}) - (S_{(专)} + S_{(公)})]/(G_{(专)} + G_{(公)}) \times 100\% \quad (6.1.8)$$

式中　$G_{(专)}$——10 kV 专线供电量;

$G_{(公)}$——10 kV 公线供电量;

$S_{(专)}$——10 kV 专线用户售电量;

$S_{(公)}$——10 kV 专变用户售电量。

【例6.1.1】　某 10 kV 公用线路 12 月总供电量 68 万 kW·h,线路专变用户总售电量
41.5 万 kW·h,0.4 kV 台区总供电量 24.3 万 kW·h,售电量 22.5 万 kW·h,求该 10 kV 供
电线路 12 月 0.4 kV 台区线损率、10 kV 公线高压线损率、10 kV 公线线损率。

解　0.4 kV 台区线损率 = (24.3 − 22.5)/24.3 × 100% ≈ 7.4%

10 kV 公线高压线损率 = (68 − 41.5 − 24.3)/68 × 100% ≈ 3.2%

10 kV 公线线损率 = (68 − 41.5 − 22.5)/68 × 100% ≈ 5.9%

6.1.3　高损台区形成的原因及降损措施

高损台区是指累计线损率为20%及以上的台区或连续 3 个月当月线损率小于 −20% 的
负线损台区。

1)高损台区形成的原因

高损台区产生的原因可分为设备因素和人员因素两大类。设备因素主要是输送元件
(电力线路、电缆线等)和变换元件(变压器、互感器等)的损耗;人员因素主要是窃电、漏电、
电能表误差、抄表影响等。

2)降损措施

降损措施分为技术降损和管理降损。首先讨论技术降损措施,由于技术线损分为固定
损失和可变损失两部分,而可变损失占技术线损的80%以上,可变损失功率 ΔP 的计算公式
如式(6.1.9)所示。

$$\Delta P = 3I_P^2 R \quad (6.1.9)$$

因　　$I_P = I_L = S/(\sqrt{3}U_L) = \sqrt{P^2 + Q^2}/(\sqrt{3}U_L) = P/(\sqrt{3}U_L \cos \Phi)$ 　(6.1.10)

推导出公式:　$\Delta P = 3I_P^2 R = (P^2 + Q^2)R/U_L^2 = P^2 R/(U_L \cos \Phi)^2$ 　(6.1.11)

式中　I_P——相电流;

I_L——线电流;

R——线路电阻;

U_L——线路电压;

P——线路传输的有功功率;

Q——线路传输的无功功率；

$\cos \varPhi$——功率因数。

通过上述公式，可以得到影响线损的主要因素有：

①负荷电流：$\Delta P \propto I_{\mathrm{P}}^2$，即 ΔP 与 I_{P}^2 成正比；

②线路电阻：$\Delta P \propto R$，即 ΔP 与 R 成正比；

③线路电压：$\Delta P \propto 1/U_{\mathrm{L}}^2$，即 ΔP 与 U_{L}^2 成反比；

④功率因数：$\Delta P \propto 1/\cos \varPhi^2$，即 ΔP 与 $\cos \varPhi^2$ 成反比。

3）技术降损

（1）调整完善电网结构

由式（6.1.11）可知，损耗功率与线路电阻成正比，因此，在负载功率不变的条件，减少线路的总电阻，线路损失会随之降低，所以调整完善电网结构的方法有：

①电源应设在负荷中心。

②缩短供电半径。

③合理选择导线截面。

④选择节能型配电变压器。合理选择配变容量，提高配变负荷率。

⑤保持三相负载平衡。

（2）调节线路电压

由式（6.1.11）可知，线损与线路电压 U_{L} 成反比，在负载功率不变的条件，提高线路电压，线路电流会相应减少，线路损失会随之降低。

（3）提高功率因数

功率因数是有功功率与视在功率的比值，即 $\cos \varPhi = P/S$。功率因数反映了电力容量被利用的效率，是衡量电气设备效率高低的一个系数。

由式（6.1.11）可知，功率损耗与功率因数 $\cos \varPhi$ 的平方成反比，在负载功率不变的条件下，提高功率因数，线路电流会相应减少，线路损失会随之降低。

提高功率因数的方法有提高自然功率因数和加装电力电容器两种方法。

4）管理降损措施

管理降损可从以下四个方面来开展：

（1）建立组织管理体系

供电所线损率指标保证体系，应包括：

①高低线路配电变压器的理论线损指标，管理线损指标及综合损失指标。

②每条线路的和客户单位的功率因数指标。

③高低压电压合格率以及电能表的校验轮换率指标。

④补偿电容器投运率指标。

⑤电能表实抄率。

⑥电费核算差错率。

⑦高耗能设备的淘汰，线路设备的节能改造等经济技术指标。

这些指标的制订要科学合理,并层层分解落实,以确保总指标的实现。

（2）开展线损分析

①电能平衡分析。

②理论线损与实际线损对比分析。

③现实与历史同期比较分析。

④与平均水平比较分析。

⑤与先进水平比较分析。

（3）开展线损理论计算工作

线损理论经计算的结果就是线损管理工作的目标,达到这个目标,管理线损就降为零。在电网结构不变的情况下,这是最理想的管理结果。

（4）加强营销管理,堵塞各种漏洞

①建立同步抄表制度。

②减少抄表误差。

③加强电量、电价、电费的核算管理。

④加强计量管理工作。

⑤提高线损相关资料的准确性。

⑥加强用电检查工作。

⑦开展高损台区的跟班稽查工作。

【任务指导】

表 6.1.1　10 kV 公用线路线损统计与分析任务指导书

任务名称	10 kV 公用线路线损统计与分析		学时	2 课时
任务描述	编号为 A001 的 10 kV 线路营销数据如表 6.1.2 所示,请自行设计表格利用计算机计算该 10 kV 线路高压线损电量及高压线损率、公变台区低压线损电量及低压线损率、A001 线路综合线损电量及综合线损率,并提出降低线损的改进措施。			
任务要求	1. 分小组配合完成; 2. 自行设计表格,用计算机表格函数功能完好线损的计算统计; 3. 线损率计算准确,保留一位小数; 4. 线损统计结果保留到电脑桌面指定文件夹。			
注意事项	不能复制他人成果。			

续表

任务实施步骤：
一、风险点辨识
1.混淆高压线损率与综合线损率,计算公式错误;
2.计算机 Excel 表格运算错误。
二、作业前准备
1.准备好计算机、纸、笔,熟练掌握 Excel 运算功能;
2.理解清楚线损电量、线损率计算公式,以及它们之间的区别。
三、操作步骤
1.在计算机桌面建立文件夹,在文件夹中新建用小组号命名的 Excel 表,在 Excel 表中设计线损报表格式;
2.输入 A001 线路 10 月份的营销原始数据;
3.统计各台区供电量、售电量、线损电量及台区线损率;
4.统计 10 kV 线路高压线损电量及高压线损率;
5.统计线路综合线损电量及综合线损率。
四、清理现场
整理计算机文件夹及纸质资料。

表 6.1.2   A001 线路 10 月份的营销数据

类别	编号	供电情况				售电情况		
		倍率	上月表码	本月表码	供电量	照明电量	动力电量	总电费
线路关口表总表	A001	20 000	0	25	500 000			
台区关口	A001 – 1	200	0	200	40 000	25 000	12 000	24 223.9
	A001 – 2	400	0	150	60 000	36 000	21 000	38 891.1
	A001 – 3	300	0	150	45 000	40 000	3 000	30 160.2
	A001 – 4	300	0	80	24 000	21 000	1 000	15 257
	A001 – 5	200	0	100	20 000	17 000	1 000	12 796.2
专变用户	A001 – 6				55 000		55 000	46 876.5
	A001 – 7				70 000	10 000	60 000	43 778
	A001 – 8				75 000	5 000	70 000	49 792.5
	A001 – 9				71 000	6 000	65 000	72 775
	A001 – 10				25 000		25 000	21 635

【任务评价】

表6.1.3 10 kV公用线路线损统计与分析任务评价表

姓名		班级		学号			
开始时间		结束时间		标准分	100分	得分	
任务名称		台区线损分析					
序号	步骤名称	质量要求	满分(分)	评分标准		扣分原因	得分
1	台区供电量、售电量及低压线损电量及低压线损率计算	计算公式正确,数据准确	40	数据错误,每处扣5分,未用函数计算扣10分			
2	高压线路供电量、高压线损电量及高压线损率计算	计算公式正确,数据准确	20	数据错误,每处扣5分,未用函数计算扣10分			
3	线路综合线损电量及线路综合线损率计算	计算公式正确,数据准确	20	计算错误不得分,未用函数计算扣10分			
4	表格编辑	表格格式及文字符号要求	10	表格格式不符合要求,每处扣2分			
5	指定存盘	按要求路径正确存盘	10	未按规定要求路径存盘扣5分			
教师(签名)			总分(分)				

任务6.2 用电信息采集系统线损分析

【任务目标】

1. 能查询用电信息采集系统台区线损基础信息明细。
2. 能在用电采集数据分析模块查询台区同期线损指标。

3. 能在用电信息采集系统中进行线损异常数据分析。

4. 掌握用户异常的分析方法。

【任务描述】

本任务为运用采集系统查询线损异常并进行线损原因分析。

【相关知识】

6.2.1 台区线损基础信息查询

1）台区线损分析

（1）功能描述

可根据需求查询某供电单位下单个（多个）或一天（多天）的台区线损的基础信息。

（2）查询路径

电力用户用电信息采集系统→高级应用→线损分析→台区线损分析。

（3）操作介绍

台区线损分析的查询提供了多种查询条件（如供电单位、分析周期、日期、台区编号、运行状态、线损率起止阈值、供电量起止阈值、用电量起止阈值、员工编号、采集率起止阈值等），可按照需要选择查询条件，查询台区线损的明细。需要导出所有明细时可点击导出按钮，即可将台区线损明细导出到 Excel 中，方便详细查看。

台区线损分析界面如图 6.2.1 所示。

台区线损明细展示中包含了日期、供电单位、台区编号、台区名称、抄表段编号、电表总数、采集成功数、采集失败数、采集成功率、供电量、售电量、损失电量、损失率、人员工号、详细等，移动界面查看完整信息。

2）用户用电明细查询

（1）功能描述

该功能用于以用户为维度计算台区下用户电能表日、月用电量的基本信息。

（2）操作介绍

台区线损明细中有"详细"子菜单，点击可查询单个台区的用户用电明细。

用户用电明细界面如图 6.2.2 所示。

台区线损分析

| 供电单位* | 国网湘乡市供电公司 搜索 | 分析周期 ⊙日 ○月 | | 日期 | 2019-11-05 至 2019-11-11 | 台区编号 | 台区编号 | 线路名称 | 线路名称 |

| 运行状态 | 运行 | 线损率起始阈值 | 无限制 | 线损率终止阈值 | 无限制 % | 阈值连续 □ | 管理分类 | 无限制 |

| 供电量起始阈值 | 无限制 kWh | 供电量终止阈值 | 无限制 kWh | 售电量起始阈值 | 无限制 kWh | 售电量终止阈值 | 无限制 kWh |

| 人员工号 | 人员工号 | 采集率起始阈值 | 无限制 % | 采集率终止阈值 | 无限制 % | 查询 |

台区线损日明细

导出 导出当前页

	时间日期	供电单位	台区编号	台区名称	抄表段号	电表总数	采集成功数	采集失败数	采集成功率%	供电量kWh▼	售电量kWh	损失电量kWh	损失率%
9	2019-11-09	湘乡·东山乡供电所	0399851908	NG320027东办东畔社	5303020370	100	100	0	100	1518	1517.07	0.93	0.06
10	2019-11-07	龙城供电服务站	0300003345	G30112梅广II线七一E	1303001115	22	22	0	100	1234	1232.48	1.52	0.12
11	2019-11-07	龙城供电服务站	0300003345	G30112梅广II线七一一	1303001115	22	22	0	100	1224	1223.31	0.69	0.06
12	2019-11-10	湘乡·白田乡供电所	0399875165	NG330101于机线建嫂	5303030111	271	270	1	99.63	1145	1143.75	1.25	0.11
13	2019-11-09	湘乡·东山乡供电所	0300474574	NG320462望办南广心	5303020619	171	171	0	100	962.4	962.47	-0.07	-0.01
14	2019-11-11	龙城供电服务站	0300106079	G30306博雅苑小区	1303005035	223	223	0	100	884	883.87	0.13	0.01
15	2019-11-10	湘乡·白田乡供电所	0300450050	NG37027J白沙线白田	5303070390	52	52	0	100	877.2	876.53	0.67	0.08
16	2019-11-10	湘乡·白田乡供电所	0399873631	NG33013于机线灰山	5303030124	148	148	0	100	854.4	854.17	0.23	0.03
17	2019-11-11	湘乡·白田乡供电所	0399873631	NG33013于机线灰山	5303030124	148	148	0	100	853.2	854.09	-0.89	-0.10
18	2019-11-11	湘乡·白田乡供电所	0399873631	NG33013于机线灰山	5303030124	148	148	0	100	804.4	805.16	-0.76	-0.09
19	2019-11-10	湘乡·白田乡供电所	0399870999	NG37008J白沙线白田	5303070181	127	127	0	100	751.2	750.93	0.27	0.04
20	2019-11-07	湘乡·东郊乡供电所	0399874440	NG31X009长新线金星	4340303100051	3	3	0	100	669.9	669.89	0.01	0.00
21	2019-11-05	湘乡·白田乡供电所	0300376219	NG38M191毛塘线毛田	5303060577	2	2	0	100	666	666.3	-0.3	-0.05
22	2019-11-10	湘乡·白田乡供电所	0399873055	NG370019白仁线石江	5303070032	150	149	1	99.33	628	627.39	0.61	0.10
23	2019-11-06	湘乡·红仑乡供电所	0399872556	NG313055乐城线乐昌	5303010264	185	185	0	100	574.8	574.72	0.08	0.01
24	2019-11-08	湘乡·白田乡供电所	0300284114	NG315202花江线石景	5303010422	30	30	0	100	491.4	490.88	0.52	0.11
25	2019-11-09	龙城供电服务站	0300192963	G30373瑞红I线物物	1303005129	66	66	0	100	486	485.67	0.33	0.07
26	2019-11-05	湘乡·白田乡供电所	0300376219	NG38M191毛塘线毛田	5303060577	2	2	0	100	462.9	462.6	0.3	0.06
27	2019-11-11	湘乡·红仑乡供电所	0300284114	NG315202花江线石景	5303010422	30	30	0	100	460.8	460.44	0.36	0.08
28	2019-11-05	湘乡·白田乡供电所	0300376219	NG38M191毛塘线毛田	5303060577	2	2	0	100	437.4	437.1	0.3	0.07
29	2019-11-10	湘乡·东郊乡供电所	0399875409	NG31C017长江J线石江	5303010275	97	97	0	100	429.2	429.21	-0.01	0.00
30		合计								41861.4	41851.66	9.74	0.00

200 ▼ | 第1 共152页 显示1到200,共30295数据

图 6.2.1　台区线损分析界面

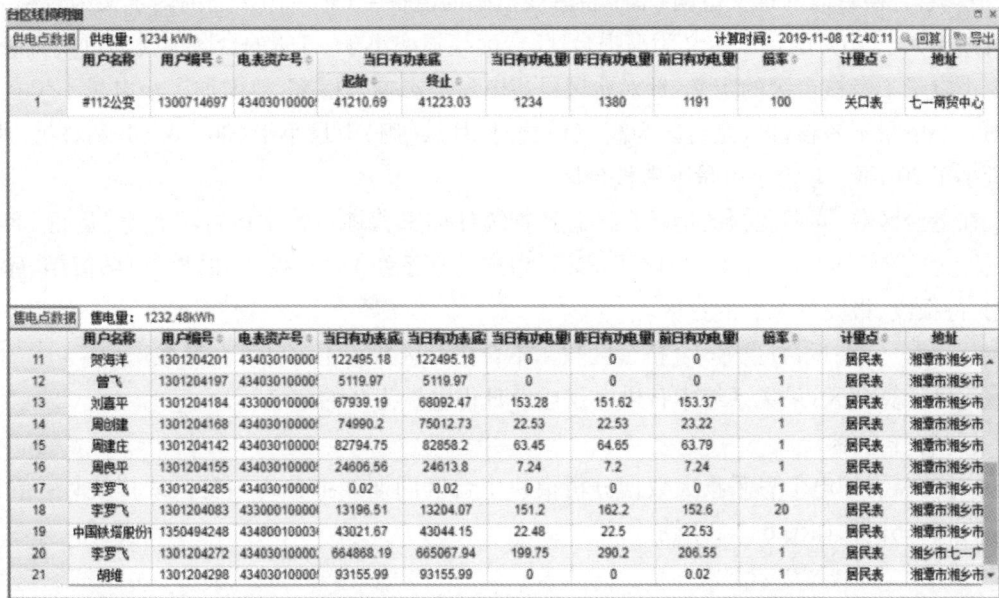

台区线损明细图

| 供电点数据 | 供电量: 1234 kWh | | | | | | | | 计算时间: 2019-11-08 12:40:11 回算 导出 |

	用户名称	用户编号	电表资产号	当日有功表底 起始	当日有功表底 终止	当日有功电量	昨日有功电量	前日有功电量	倍率	计量点	地址
1	#112公变	1300714697	434030100005	41210.69	41223.03	1234	1380	1191	100	关口表	七一商贸中心

| 售电点数据 | 售电量: 1232.48kWh |

	用户名称	用户编号	电表资产号	当日有功表底	当日有功表底	当日有功电量	昨日有功电量	前日有功电量	倍率	计量点	地址
11	贺海洋	1301204201	434030100005	122495.18	122495.18	0	0	0	1	居民表	湘潭市湘乡市
12	曾飞	1301204197	434030100005	5119.97	5119.97	0	0	0	1	居民表	湘潭市湘乡市
13	刘喜平	1301204184	433000100005	67939.19	68092.47	153.28	151.62	153.37	1	居民表	湘潭市湘乡市
14	周创健	1301204168	434030100005	74990.2	75012.73	22.53	22.53	23.22	1	居民表	湘潭市湘乡市
15	周建庄	1301204142	434030100005	82794.75	82858.2	63.45	64.65	63.79	1	居民表	湘潭市湘乡市
16	周良平	1301204155	434030100005	24606.56	24613.8	7.24	7.2	7.24	1	居民表	湘潭市湘乡市
17	李罗飞	1301204285	434030100005	0.02	0.02	0	0	0	1	居民表	湘潭市湘乡市
18	李罗飞	1301204083	433000100005	13196.51	13204.07	151.2	162.2	152.6	20	居民表	湘乡市七一厂
19	中国铁塔股份i	1350494248	434800100003	43021.67	43044.15	22.48	22.5	22.53	1	居民表	湘潭市湘乡市
20	李罗飞	1301204272	434030100005	664868.19	665067.94	199.75	290.2	206.55	1	居民表	湘乡市七一厂
21	胡维	1301204298	434030100005	93155.99	93155.99	0	0	0.02	1	居民表	湘潭市湘乡市

图 6.2.2　用户用电明细界面

用户用电明细分供电量和售电量上下分别展示:用户名称、用户编号、电表资产号、当日电流起止码、近三日的有功电量、表计倍率、计量点类型、地址等。右上角有计算时间,支撑台区的实时回算和明细导出。

6.2.2 台区线损指标查询

随着大数据应用的普及,台区线损的指标统计由以前的手工统计转换成自动生成,为了更全面地展示台区同期线损指标,用电信息采集系统增加了独立模块——用电采集数据分析模块(又称两率一损大数据分析)。台区同期线损指标可在该模块直接查询,本章节主要介绍台区同期线损在线监测率、台区线损合格率及台区综合线损率三大指标的定义和查询。

用电采集数据分析模块的登录途径:

电力用户用电信息采集系统→运行管理→采集运维平台→两率一损大数据分析(或单独的网址直接登录)

1)台区同期线损合格率

(1)定义

$$同期线损合格率 = \frac{(同期线损合格台区 + 小电量不考核台区)}{在运台区总数} \times 100\%$$

其中,合格台区的定义范围:单个台区线损率的值在 $-1\% \sim 10\%$ 范围内定义为合格,台区线损率大于 10% 的台区定义为高损台区,台区线损率小于 -1% 的台区定义为负损台区。

小电量不考核台区的定义:针对台区供售电量小影响合格率,故增加了小电量不考核台区的。小电量不考核台区是台区为高(负)损时,月供(用)电量小于 600 kW·h 和日供(用)电量小于 20 kW·h 为小电量不考核台区。

在运台区数:同期线损的运行台区总数指统计期末营销系统中运行状态为"运行"且台区属性为"公变"的台区个数,剔除了 PMS(生产管理系统)中未投运、退役、现场留用、库存备用、待报废、报废且无表的台区。

$$在运台区数 = 合格台区数 + 不合格台区数 + 不可计算台区数$$

不可计算台区:采集系统中日供电量或者日售电量为 0 的台区。

(2)操作介绍

查询路径:用电信息采集大数据分析模块中台区同期线损分析→台区线损统计→台区线损合格率分析,如图 6.2.3 所示。

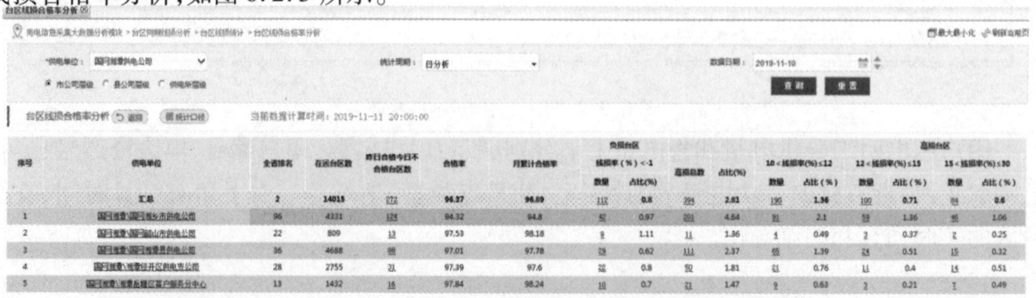

图 6.2.3　台区线损合格率统计界面

　　查询结果中点击供电单位,可支持逐级查询供电单位线损合格率明细,点击统计数据可跳转到"台区线损分析"页面,如图6.2.4所示。

图6.2.4　台区线损分析界面

　　查询结果中点击"台区名称",可跳转到"用户用电明细列表"页面,如图6.2.5所示。

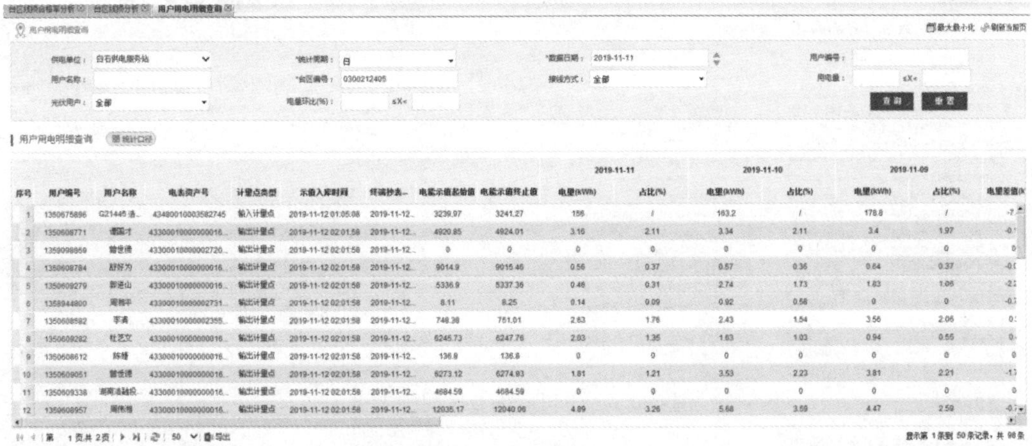

图6.2.5　用户用电明细界面

2)台区线损在线监测率

(1)定义

$$同期线损在线监测率 = \frac{同期线损可检测台区数}{采集全覆盖的台区数} \times 100\%$$

　　其中,采集全覆盖:营销系统运行台区在采集系统已建档,且采集覆盖率大于98%的台区。

$$台区采集覆盖率 = \frac{进采集系统的表计数}{台区的表计数} \times 100\%$$

　　可监测台区:采集成功率大于98%的台区。

（2）操作介绍

查询路径：用电信息采集大数据分析模块中台区同期线损分析→台区线损统计→台区线损监测率分析，如图6.2.6所示。

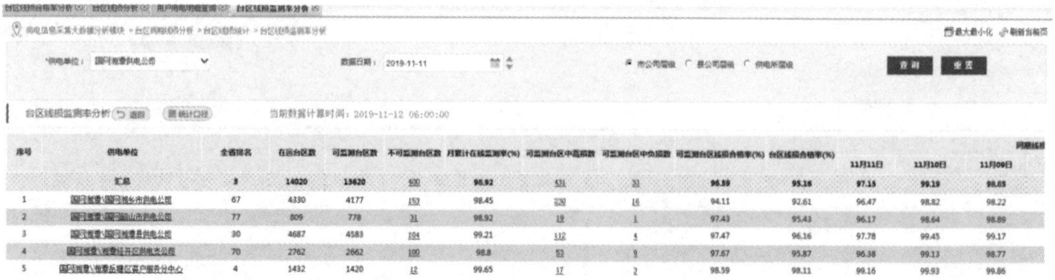

图6.2.6　台区线损监测率统计界面

点击供电单位，可逐级查询下级单位监测明细，点击"不可监测台区数"可跳转到"台区线损分析"页面，如图6.2.7所示；点击"台区名称"列，可跳转到"用户用电明细列表"页面，同台区线损合格率。

图6.2.7　不可监测台区明细界面

3）台区综合线损率

（1）定义

$$台区综合线损率 = \sum \frac{损失电量（供电量-用电量）}{供电量} \times 100\%$$

其中，供电量的定义：区分光伏和非光伏台区，非光伏台区供电量为台区考核表正向电量，光伏台区供电量为台区考核表正向电量+所有分布式电源用户的上网电量。

用电量的定义：区分光伏和非光伏台区，非光伏台区用电量为台区所有用户用电量，光伏台区用电量为台区所有用户用电量+台区考核表反向电量。

（2）操作介绍

查询路径：用电信息采集大数据分析模块中台区同期线损分析→台区线损统计→综合线损统计分析。台区综合线损率统计界面如图6.2.8所示。

图 6.2.8　台区综合线损率统计界面

6.2.3　线损异常数据查询

1)电压低于 190 V 的单、三相表

工作方法:通过采集系统查询出表计电压低于 190 V 的单相三相表用户明细。

工作目的:分析用户是否存在长期低电压,可以初步判断用户的表计是否出现计量故障(如用户的电压值明显偏低),接线是否错误,单相表接线不牢固,三相表零火线接反等。

查询路径:统计查询→报表管理→自定义报表→居民户电压电流→电压低于 190 V 的表计(单/三相)→选择日期,供电单位→查询(可导出全部明细)(明细中含 7 点、11 点 、15 点、19 点时刻的表计电压值),如图 6.2.9 所示。

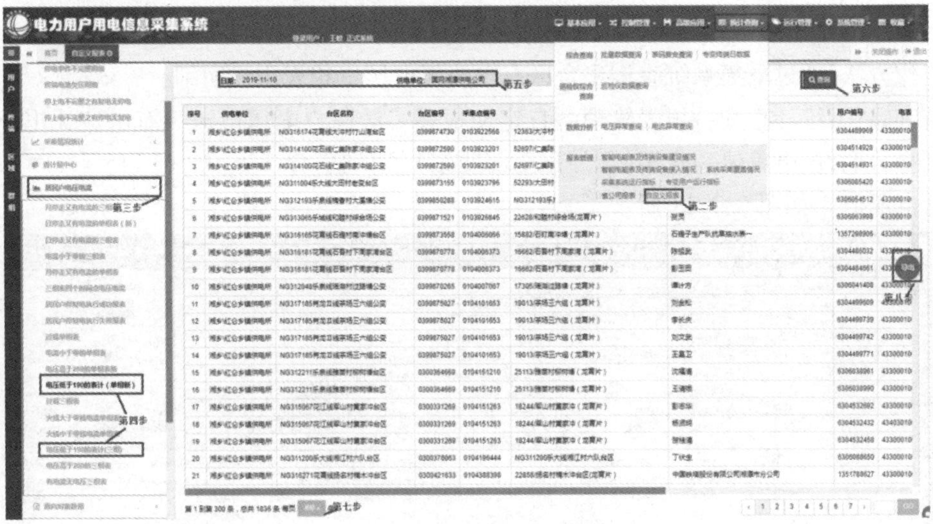

图 6.2.9　电压低于 190 V 的单、三相表查询界面

分析要点:电压低于 190 V 单相表有几种可能,重点核查电压为 0 或者很低的用户。

2)电压高于 260 V 的单、三相表

工作方法:通过采集系统查询出台区电压高于 260 V 单、三相表用户明细。

查询路径:统计查询→报表管理→自定义报表→居民户电压电流→电压高于 260 V 的

表计(单/三相)→选择日期,供电单位→查询(可导出全部明细)(明细中含 7 点、11 点 、15 点、19 点时刻的表计电压值),如图 6.2.10 所示。

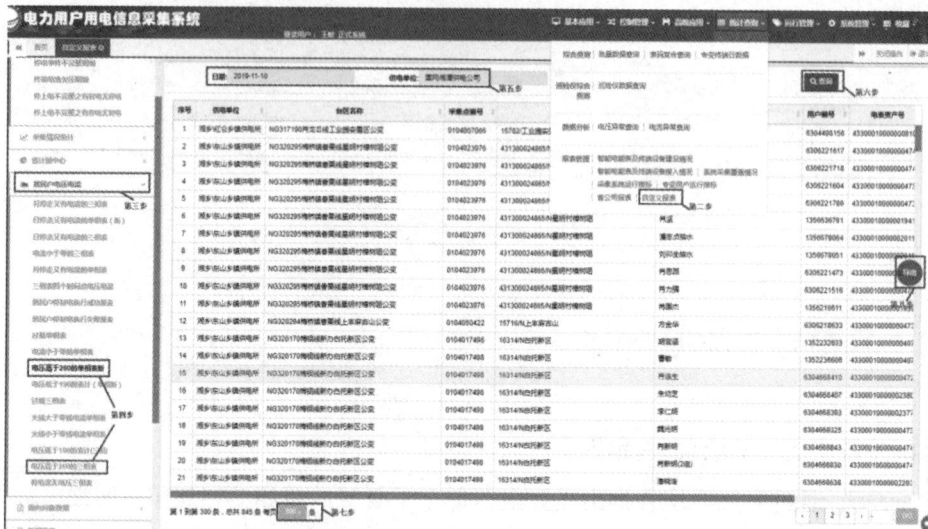

图 6.2.10　电压高于 260 V 的单、三相表查询界面

造成电压高于 260 V 的原因有:①用户是长期过电压;②用户的表计计量元件出现故障 (如用户的电压值明显偏高);③接线错误,如三相表进出线接反等。可重点关注 4 个时间点 电压均高于 300 V 以上用户。

3)有电流无电压三相表

工作方法:通过采集系统查询出台区有电流无电压三相表用户明细。

查询路径:统计查询→报表管理→自定义报表→居民户电压电流→有电流无电压三相 表→选择日期,供电单位→查询(可导出全部明细)(明细中含 7 点、11 点 、15 点、19 点时刻 的表计电压值),如图 6.2.11 所示。

图 6.2.11　有电流无电压三相表查询界面

异常原因:造成有电流无电压的原因是表计电压计量元件存在故障,可重点分析一相或两相全部有问题的用户。

4)日、月停走又有电流的单、三相表

工作方法:采集系统日、月停走又有电流的单、三相表查询。

查询路径:统计查询→报表管理→自定义报表→居民户电压电流→日停走又有电流单相表→选择日期,供电单位→查询(可导出全部明细),如图 6.2.12 所示。

图 6.2.12   日、月停走又有电流单相表查询界面

异常分析:日、月停走又有电流的单、三相表的原因是表计计量元件存在故障,导致用户基本不计量。

5)火线电流小于零线电流

工作方法:采集系统火线电流小于零线电流的单相表查询。

查询路径:统计查询→报表管理→自定义报表→居民户电压电流→火线电流小于零线电流→选择日期,供电单位→查询(可导出全部明细),如图 6.2.13 所示。

火线电流小于零线电流可能原因有:①用户多块表计计量时存在串零的现象;②用户绕越表计在进火线上引线进行窃电的现象;③表计存在召测不同步的现象;④表计的计量元件存在故障等。

6)开盖记录明细查询

工作方法:采集系统电表开盖记录查询。

查询路径:用电信息采集大数据分析模块→台区同期线损分析→窃电专线主题分析→开盖记录窃电分析→选择日期,供电单位→查询(可导出全部明细),如图 6.2.14 所示。

造成电表开盖记录的原因:①表计在运输过程中存在电表表盖被打开或电表开盖记录的开关被振动。②用户打开表盖对表计计量元件进行窃电操作等。

分析要点:重点关注开盖记录为 1~10 次的用户。

图 6.2.13　火线电流小于零线电流查询界面

图 6.2.14　用户开盖记录明细查询界面

6.2.4　用户异常的分析方法

1)日用电量分析法

工作方法:通过采集系统查询台区电表日电量报表,导出台区上个月的日电量明细数据。

查询路径:统计查询→报表管理→省公司报表→系统应用类报表→电表日电量报表→选择需要查询的台区或用户→选择日期→查询(可查询对应用户一个月的日电量),如图6.2.15(a)和(b)所示。

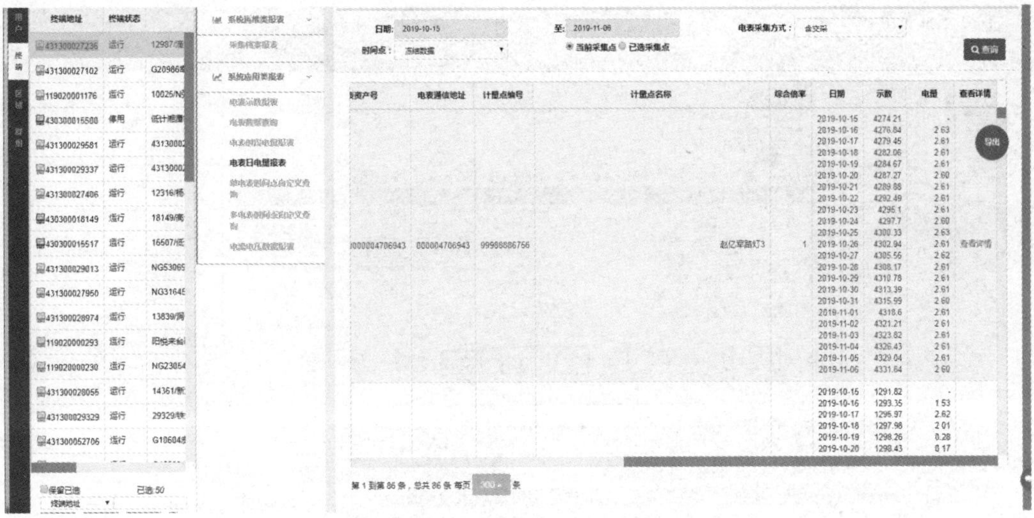

(a)

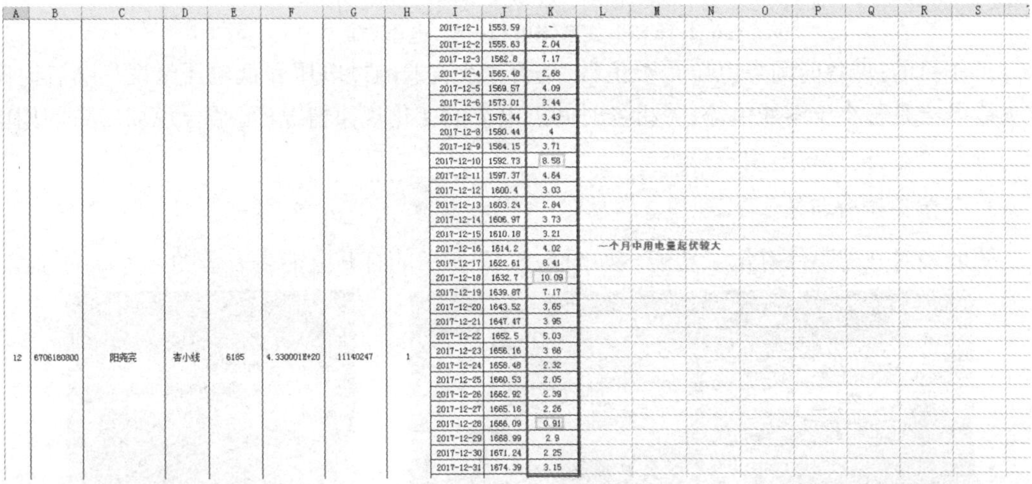

(b)

图 6.2.15　采集用户日用电量异常查询

工作目的:通过采集系统分析一个月以来日线损率由好变坏及由坏变好时日用电量徒增突减的用户,作为现场核查的备选可疑用户,如果允许,可以分析一年或半年以来的数据。

2)电流、电压值分析法

工作方法:通过采集系统选取台区前一个月的 1、10、15、20 号时间点数据进行分析,将有异常的数据筛选出来。

查询路径:基本应用→数据召测→选择需要查询的台区或用户→选择日期→召测,如图 6.2.16 所示。

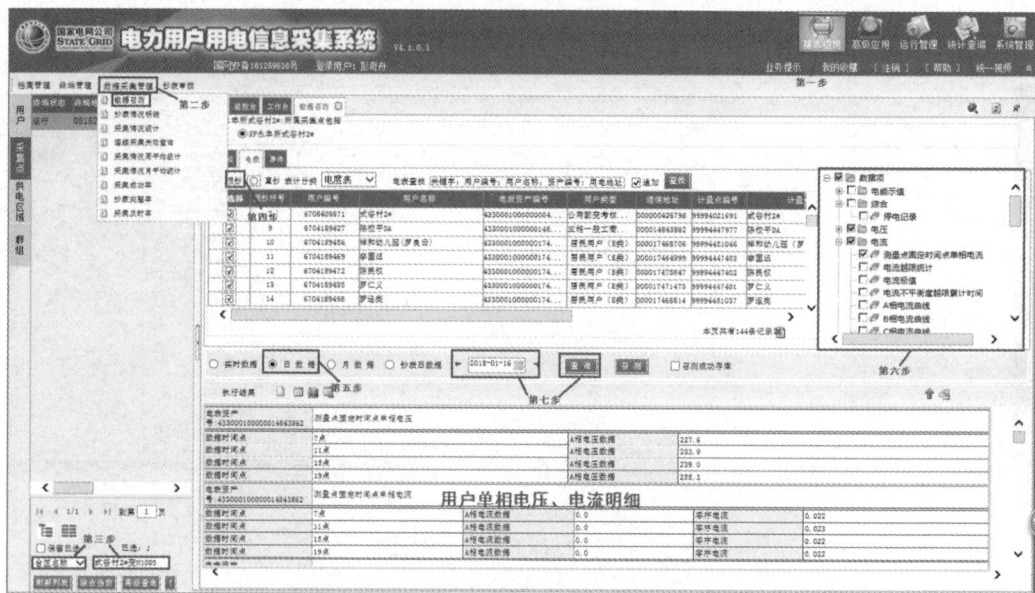

图 6.2.16 采集系统单相电流、电压异常查询

工作目的:①各时间点电压是否正常,是否存在普遍的过电压和低电压情况。②各时间点火线电流是否小于零线电流,分析各时间点电流的变化规律情况(可结合现场用户的用电情况进行分析,进行窃电用户排查)。

3)开盖记录分析法

智能表对开盖事件有记录功能。如图 6.2.17 所示的打开电能表表盖的行为即为开盖。

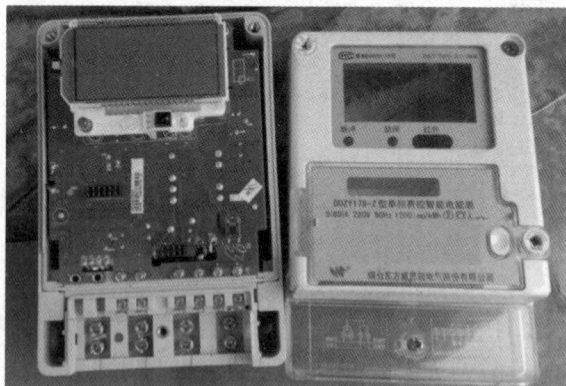

图 6.2.17 电能表开盖图

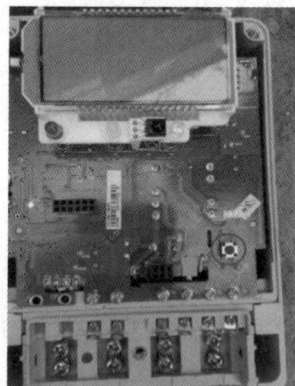

图 6.2.18 智能表常闭按钮图

(1)电能表开盖记录

智能表内有个常闭按钮,如图 6.2.18 所示。当表计正常运行、表盖处于闭合时,常闭按钮被表盖支撑点压合,始终处于闭合状态,此时不会触发开盖事件记录;当表盖被打开时,该常闭按钮松开,处于断开状态,此时触发开盖事件记录,记录打开时间;当表盖被重新闭合时,该常闭按钮重新被压合,重新处于闭合状态,记录闭合时间。打开时间和闭合时间的记录就构成了一次完整的开盖事件记录。

（2）电能表开盖记录参数

智能电能表内记录开盖事件的总次数和开盖事件明细。如电表被多次打开，则记录的开盖总次数即为多次，每次开盖对应一次开盖事件明细。开盖事件明细包括此次打开、闭合表盖的具体时间，精确到年、月、日、时、分、秒，还包括开盖时的表底数据等。

（3）电能表开盖记录调取

通过采集系统直抄即可查询表计的相关开盖记录。查询路径：基础应用—数据采集管理—数据召测—直抄—综合—实时—开盖次数。

（4）关于开盖应注意的事项

开盖记录功能的主要用途是查处目前日益猖獗的改表窃电，是线损及反窃电人员查处此类窃电的一个重要工具。在日常工作中，应注意以下几点：

①一般改表窃电打开表盖的时间约为几分钟至几十分钟，绝大部分发生在夜晚，极少数出现在中午。

②一次改表窃电有时会触发多条开盖事件记录，原因是窃电人员在打开和恢复表盖的过程中，因打开时卡扣脱离不顺畅或闭合时卡扣未卡到位，造成多次打开或闭合。

③部分表计由于质量问题，在日常运行中会产生很多错误开盖记录，此时调取开盖次数会有几十条，甚至几十万条。当出现这种情况时，应查看最近几次的开盖记录明细，查看时间是否与上述第一条特征相符，同时后台可召测一下该户的电压、电流等参数，根据经验进行排除。

④部分表计记录功能异常，只有开盖次数，当调取开盖明细时提示"未发现开盖记录"，此时如开盖次数在个位数，应重点进行分析，必要时进行现场检查。

4）**零火反接窃电法**

（1）窃电手法

窃电用户利用单相智能表零火计量原理：火线为主计量线（参与计量）、零线为辅计量线（不参与计量），将零火线反接，再接外线（地线）充当零线完成窃电。零火反接窃电原理图如图6.2.19所示。

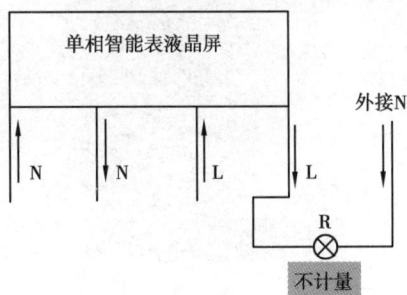

图6.2.19　零火反接窃电原理图

（2）分析排查

系统分析：通过"用电信息采集大数据分析模块"—台区同期线损—窃电专项主题—电

压电流监控—单相表零线电流大于火线电流分析,对零火偏差较大的用户重点监控。

例如,某用户单相电能表存在零线电流大于火线电流情况,如图 6.2.20 所示。根据图 6.2.20所展示的内容:该户 7 点、11 点、15 点、19 点四个时间段火线电流均接近 0,零线电流较大,窃电嫌疑非常大。

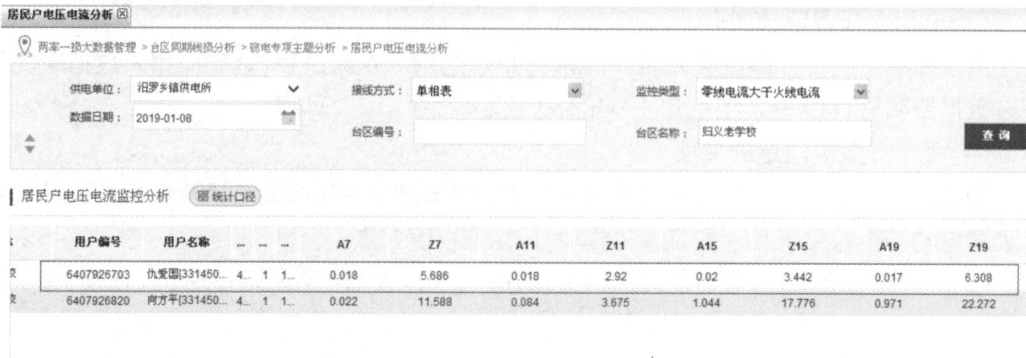

用户编号	用户名称	... ...	A7	Z7	A11	Z11	A15	Z15	A19	Z19
6407926703	仇爱国[331450...	4 1 1...	0.018	5.686	0.018	2.92	0.02	3.442	0.017	6.308
6407926820	向方平[331450...	4 1 1	0.022	11.588	0.084	3.675	1.044	17.776	0.971	22.272

图 6.2.20　居民户电压电流分析界面

现场排查:准备工具老虎钳、螺丝刀、试电笔、钳形表等。现场情况如图 6.2.21 所示。

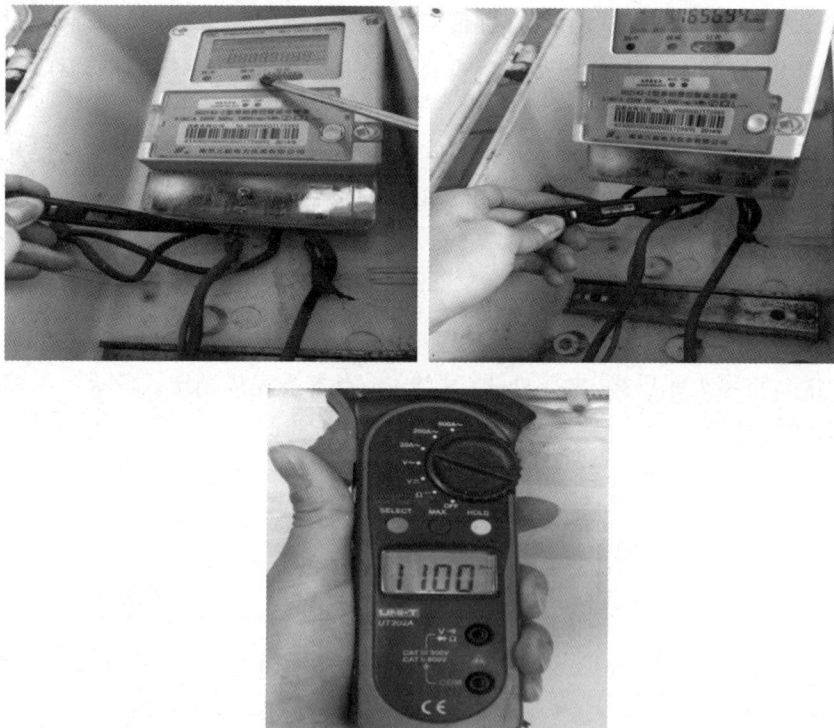

图 6.2.21　现场排查图

根据图 6.2.21 展示的内容,可看出现场零火接反;断开表中零线后,用户家中有电、火线仍存在 11 A 电流,现场判断该户窃电。

（3）零火反接延伸出的窃电手法——多表配合，完成窃电

窃电用户利用两块电能表或多块电能表配合，且存在至少一块表零火反接，完成窃电，如图6.2.22所示。单相表1正常接线，且负荷（R_1）正常计量；单相表2零火反接，由L_1与N_1所带的负荷（R_2）未计量；负荷（R_3）零火反接但正常计量。

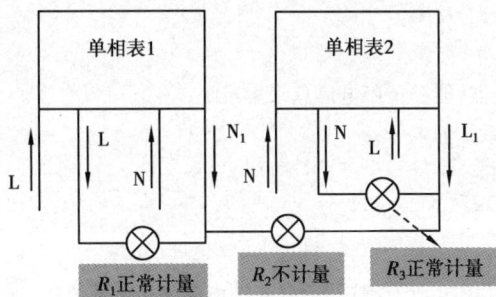

图6.2.22 零火反接延伸窃电原理图

分析思路：R_2未正常计量，在"用电信息采集大数据分析模块"中，所展示的异常为单相表1、单相表2均零线电流大于火线电流。现场排查需检查接线问题及两块表的零火电流差值，采用"断零"的方法检测是否有负荷未计入电表计算。

治理建议：利用"用电信息采集大数据分析模块"及对表计进行长期监控，通过实际负荷及每日用电量持续观察，并重点关注7点、11点、15点、19点四个时间段的电流变化重点，零火反接窃电用户往往有电工基础及较强的反侦测意识，可通过用电信息采集系统协助监控其他时间段电流变化。现场核查必带钳形表、试电笔。钳形表用来检测零火电流值、试电笔用来测试零火电压值。如遇多表共零情况，也要细心核查，不可大意，临界台区往往受个别用户影响，要自己排查。

【任务指导】

表6.2.1 用电信息采集系统线损分析任务指导书

任务名称	用电信息采集系统线损分析		学时	2课时
任务描述	在用电信息采集系统中，按照给定条件，查询指定台区的线损分析。			
任务要求	1.单独完成； 2.按现场实际情况查找； 3.在规定时间内完成用电信息采集系统线损指标查询。			
注意事项				

续表

任务实施步骤：
1．风险点辨识
(1)找到指定供电单位的线损指标(线损率、合格率和在线监测率)；
(2)准确区分在线监测率和日合格率。
2．作业前准备
(1)测试电脑,装了谷歌浏览器,能登录用电信息采集系统；
(2)准备登录用电信息采集系统的工号；
(3)熟悉台区线损的相关指标。
3．操作步骤
(1)台区线损基础信息查询
①按指定工号从谷歌浏览器(IE10以上浏览器)登录用电信息采集系统；
②选择高级业务中线损分析中的台区线损分析菜单点击进入；
③选择供电单位,指定日期,台区编号(台区名称)查询指定台区线损的基本信息；
④选择明细中的"详细",查询台区的供售电量数据明细。
(2)台区线损指标查询
①按指定工号从谷歌浏览器(IE10以上浏览器)登录用电信息采集系统；
②选择运行管理中采集运维平台中的两率一损大数据分析进入用电信息采集大数据分析模块；
③选择台区同期线损分析模块中的台区线损统计查询台区线损合格率分析,台区线损监测率分析和综合线损统计分析；
④查询相应的信息填写台区线损分析操作记录表。
4．清理现场
退用电信息采集系统和用电信息采集大数据分析模块,整理工单。

表6.2.2 台区线损分析操作记录表

实训人员：_____ 实训机位：_____

操作时间：____年____月____日____时—____年____月____日____时

(一)台区线损基础信息查询			
名称		名称	
台区编号		台区名称	
抄表段号		时间日期	
电表总数		采集成功数	
采集成功率		供电量	
售电量		损失电量	
损失率		关口表用户编号	
关口表倍率		零电量用户数	

续表

(二)台区线损指标查询			
名称		时间日期	
供电单位		在运台区数	
高损台区数		负损台区数	
线损不可计算台区数		日合格率	
小电量台区数		不可监测台区数	
日在线监测率		供电量	
用电量		综合线损率	

【任务评价】

表 6.2.3　用电信息采集系统线损分析任务评价表

姓　名		班　级			学　号		
开始时间		结束时间		标准分	100 分	得分	
任务名称	用电信息采集系统线损分析(台区线损)						

序号	步骤名称	质量要求	满分(分)	评分标准	扣分原因	得分
1	登录系统	根据提供的网址、工号密码登录系统	10	不能正确登录系统(提出咨询)的扣 10 分		
2	台区线损基础信息查询	能够查询给定台区的台区线损基础信息	40	少填写一个台区线损基础信息扣 5 分		
3	台区线损指标查询	能够查询台区线损的三个指标	40	少填写一个台区线损指标查询扣 5 分		
4	清理现场	用电采集系统和用电信息采集大数据分析模块退出关闭	10	一个界面未关闭扣 5 分		
教师(签名)			总分(分)			

任务 6.3   售电统计分析

【任务目标】

1. 了解电力营销统计与分析方法；
2. 熟悉售电量、售电均价的计算与统计分析方法；
3. 能完成某供电所或某用电台区的售电量、售电均价的统计与分析。

【任务描述】

本任务为售电量、售电均价的统计与分析，要求能按照电力营销统计与分析的要求完成售电量、售电均价的统计与分析。

【相关知识】

6.3.1   电力营销售电统计指标

1）电力营销售电统计与分析的意义

电力营销统计与分析可以全面、及时、准确、翔实地反映一定时期的电力经营成果，在一定程度上能够反映国民经济的动态。因此，通过对供电企业的用户数、用电容量、供电量、售电量、电力销售收入等情况定期汇总，研究社会各行各业的用电情况及其变化规律，预测行业经济发展趋势，为编制国家经济计划和进行电力分配、电力规划提供科学依据。

2）电力营销售电统计的主要指标

电力营销输电统计的主要指标有供电量、售电量、用电量、售电均价和线损率等。

供电量是供电企业供电生产活动的全部投入量。

售电量是供电企业销售给用户用于直接消费的电量。

用电量是国民经济各行各业及城乡居民消费的电量，它包括电力企业售电量与自备电厂自发自用电量及其售给附近用户电量之和。

售电均价是售电收入与售电量的比值。由于售电收入有含税、不含税两种形式,因此,对应的销售平均电价也有含税、不含税两种形式。

线损率是有功电能损失电量与供电量之比。

3)电力营销统计报表种类

电力营销统计报表种类,按定期与不定期分为常规性和临时性。常规性的报表种类是根据社会和企业分析的目的不同而进行分类的。临时性报表是临时需统计的相关数据,内容和格式一般根据工作需要而定,具有不确定性。

根据常规性的报表分类,电力营销统计的作用一般可归纳为:

①为研究社会各行各业的用电情况及其变化规律而编制的报表,如《全行业售电情况统计表》。该表依据国家标准所制定的《国民经济行业用电分类》和电价类别进行统计。行业用电分类是将复杂的社会用电现象划分为农业、轻工业、重工业和第一产业、第二产业、第三产业,以及大工业、非普工业、农业、居民生活照明、非居民照明、商业服务业用电等不同的用电性质,以便在全国范围内对各单位和各地区间的统计指标进行比较。

②为供电企业了解电能销售情况而统计的报表,如《电力销售结构汇总表》。它涵盖了供电企业一个结算期内的客户数、用电容量、电能销售情况、销售收入情况、代征费用情况、电费回收情况以及各个用电类别的用电情况等,从该表中可以基本了解该供电企业这个销售期的经营状况。

③为供电企业了解资金回笼而统计的电费回收情况类表,如以客户欠费明细统计的《客户欠费明细表》、以供电单位及客户欠费年限统计的《客户欠费情况统计表》、以各供电单位电费回收情况统计的《电费回收情况表》等。

④为供电企业经营分析进行统计的分析表,如《电价分析表》《销售收入分析表》《售电量分析表》《峰谷电价执行情况分析表》等。

6.3.2　电力营销售电统计与分析方法

1)电力营销统计与分析指标种类

在电力营销统计与分析工作中,常用的指标有总量指标、相对指标和平均指标。

(1)总量指标

总量指标是反映社会经济现象总规模的总水平的综合指标,其数值表现为具有一定计量单位的绝对数。实物指标,如总售电量;价值指标,如电费总收入。总量指标是原始的、基本的综合指标,是相对指标和平均指标的基础,总量指标计算时必须用一定的计量单位。

(2)相对指标

相对指标是两个有联系的指标对比,反映现象之间数量上联系程度和对比关系的综合指标,其数值表现为相对数,通常应用百分数表示。

①结构相对指标。结构相对指标反映总体内部构成状况的指标,常称比重指标,如供电

所中大工业用电比例。

$$结构相对指标 = 总体部分数值/总体全部数值$$

②比例相对指标。比例相对指标反映同一总体内部各组成部分之间数量比例关系的指标(百分数或几比几),如供电所中工业用电量与居民生活用电之比。

$$比例相对指标 = 总体中某一部分数值/总体中另一部分数值$$

③比较相对指标。比较相对指标反映在同一时间不同总体之间同类现象数值大小对比关系的指标,如甲供电所中大工业用电比例与丙供电所中大工业用电比例之比。

$$比较相对指标 = 某一总体中某相指标数值/另一总体中同相指标数值$$

④计划完成程度相对指标。计划完成程度相对指标反映计划任务完成程度的相对指标,如售电量、销售收入、售电均价计划完成程度相对指标。

$$计划完成程度相对指标 = 实际指标数值/计划指标数值$$

⑤动态相对指标。动态相对指标反映两个时期同一指标数值的对比,如甲供电所中今年十月售电量完成程度指标与去年十月售电量完成程度指标对比。

$$动态相对指标 = 报告期某一指标数值/基期同一指标数值$$

(3)平均指标

平均指标是按某一数量标识说明同质总体在一定历史条件下典型特征的综合指标。如某供电所在某一时间段的平均销售电价或平均负荷等。利用平均指标可以比较总体或分组标识在不同时间上的典型水平,用以说明大量现象及其发展趋势。

①简单算术平均数:

$$简单算术平均数 = 各单位的标志值之和/总体单位总数$$

②加权算术平均数:

$$加权算术平均数 = 各组标志数值与各对应组单位数的总和/各组单位数的总和$$

2)电力营销售电统计与分析方法

(1)分类法

电力营销售电统计分类一般依据国家标准所制定的《国民经济行业用电分类》进行,而行业用电分类通常采用分组法,将复杂的社会用电现象区分为物质生产用电与非物质生产用电,农业、轻工业和重工业用电以及第一产业、第二产业、第三产业用电等不同的用电性质,以便在全国范围内各单位和各地区间的统计指标进行比较,研究各行各业的用电情况及其规律。因此,分组法是统计归纳和一切统计研究的基础,是电力营销统计工作的基本方法。

国民经济行业标准设有门类、大类、中类、小类。每个门类中设几个大类,每个大类中又设几个中类,每个中类中又分几个小类。现行行业标准共20个门类,95个大类,396个中类,913个小类。

(2)对比法

对比法是营销统计分析中最常用的一种方法。对比法就是通过生产活动和用电的依存关系进行对比,鉴别它们之间的差别、矛盾和相互关系。如常用的有:

①绝对值比较法。

绝对值比较分析法是用实际值与标准值进行比较。标准值是指分析人选定作为衡量效益基础水平的数据,可以用计划数、上期实际数、目标数、全公司平均水平数等,如:

$$实际比计划多或少完成量 = 实际量 - 计划量$$

$$平均电价的增减数 = 本期平均电价的实际数 - 对比期平均电价的实际数$$

$$售电量的增减数 = 本期售电量的实际数 - 对比期售电量的实际数$$

②相对值比较法。

企业经济活动的效益好坏,主要通过差异来体现,差异只有经过比较才能确定。如果仅仅运用一项指标,不能全面正确地评价,因此,通常是用绝对数结合相对数两个指标一起来分析和评价。如:

$$售电量的增减率 = \frac{本期售电量实际数 - 去年同期售电量实际数}{去年同期售电量实际数} \times 100\%$$

售电量的增减率与同行业先进水平、与去年同期实际水平、与计划,通过分析比较,有时本期实际水平虽然达到同行业先进水平,但未达到历史最高水平,因此,本公司生产营销情况还有潜力,可为下一步工作明确方向。

③结构分析法。

结构分析法是研究售电经济活动多因素组合效益分析的技术方法,是为探求结构效益服务的。常用的方法有因素组合模型法、标准结构法、价值分析法等。其中最简单常用的是结构百分比法。

结构百分比法就是用计算结构百分比和编制结构分析的形式,来研究经济总体中的各个部分的最佳数量构成比例,分析结构变化趋势,考察结构变动中的问题,区分主次,以便调整经济活动中各部分的比例关系,抓住重点,力争取得最佳效益。

结构分析用的数据叫做结构相对数,一般用百分数表示,如:

$$结构(\%) = \frac{部分}{总体} \times 100\%$$

(3)图形法

图形法是用曲线分析法绘制出售电量、销售收入、售电平均单价、线损率等主要指标的波动曲线,可从宏观上分析其变化趋势、走向。如用直方矩形分析法绘出各项工作指标、计划指标值、实际完成值、同期值,从图形上可直观、形象地描绘增减幅度。

6.3.3　售电量统计与分析

售电量分析主要是完成按行业分类的用电情况分析,通过对各行业用电的统计分析,找出影响企业售电量增加或减少的原因,有针对性地开展电力市场营销工作。

售电量分析主要包括以下内容:

1）本月售电量完成情况

本月与上月、同期分别进行比较，比较电量增减值、增减率、比重等。

2）累计售电量完成情况

累计售电量完成值，与同期比净增减值及增减率，完成年度目标进度等。

3）按电量分类进行分析

影响各类电量变化的原因分析，按影响全所电量的权重大小顺序进行分析，要分析影响的主要因素、增长贡献率、主要用户名单等。

4）售电量增减原因分析

【例6.3.1】 国民经济行业售电量分析

国民经济行业售电量分析见表6.3.1。

表6.3.1　国民经济行业售电量分析表　　　（单位:万 kW·h、%）

序号	行业类别	当月						累计					
		基期售电量	基期比重	本期售电量	本期比重	净增电量	增长率	基期售电量	基期比重	本期售电量	本期比重	净增电量	增长率

其中，①基期售电量:基期与客户结算收费的总电量。

②基期比重:基期分行业售电量所占比重 = 基期分行业售电量/基期总售电量×100%。

③本期售电量:本期与客户结算收费的总电量。

④本期比重:本期分行业售电量所占比重 = 本期分行业售电量/本期总售电量×100%。

⑤本期净增电量:分行业本期较基期增加的电量（净增电量） = 本期电量 – 基期电量。

⑥增长率:本期较基期的增长百分比 = 净增电量/基期电量×100% = （本期电量 – 基期电量）/基期电量×100%。

【例6.3.2】 售电量同期比完成情况及对均价的影响分析。

售电量同期比完成情况及对均价的影响分析表见表6.3.2。

①占比:售电量占总售电量比重 = 分类电量/总电量×100%。

②结构增幅:本期占比较基期占比增幅（结构增幅） = 本期占比 – 基期占比。

③增长情况:本期售电量较基期增长情况。

净增电量:本期较基期增加的电量。

净增电量 = 本期电量 – 基期电量

增长率:本期较基期的增长百分比 = 净增电量/基期电量×100% = （本期电量 – 基期电量）/基期电量×100%。

④结构影响均价:分类电价结构变化对均价的影响。

结构影响均价 = ∑结构增幅 × (基期分类售电均价 − 基期总售电均价) = ∑〔(本期分类电量占比 − 基期分类电量占比) × (基期分类售电均价 − 基期总售电均价)〕。

表6.3.2　售电量同期比完成情况及对均价的影响分析表

(单位:万 kW·h;元/MW·h)

分类	本期		基期		增长情况		结构影响均价		
	售电量	占比%	售电量	占比%	净增电量	增长率	结构增幅%	基期均价	结构影响均价
一、大工业	26 980	46.7%	22 401	44.3%	4 579	17.0%	2.4%	604	− 0.05
二、非普工业	6 131	10.6%	5 029	9.9%	1 102	18.0%	0.7%	692	0.56
三、农业生产	1 196	2.1%	1 296	2.6%	− 100	− 8.4%	− 0.5%	395	1.05
四、居民生活	15 794	27.3%	14 961	29.6%	833	5.3%	− 2.3%	471	3.07
五、商业照明	4 318	7.5%	3 601	7.1%	717	16.6%	0.3%	963	1.24
六、非居民	3 400	5.9%	3 278	6.5%	122	3.6%	− 0.6%	797	− 1.15
合计	57 819		50 566		7 254	12.5%		606	4.72

6.3.4　售电均价分析

1)售电均价计算

对于一个供电所而言:

售电均价 = ∑电力销售收入/∑全口径售电量

售电均价 = ∑(不同用电类别电量比例 × 分类用电销售均价)

2)影响售电均价的因素分析

售电均价主要是从售电结构和售电单价两方面进行分析。通过分析售电结构变化对售电均价的影响和分类电价变化对售电均价的影响,找出电价变化的真正原因,进一步提出改进措施。

(1)售电结构变化对平均电价的影响分析

售电结构变化对售电平均电价的影响 = (本期分类售电比例 − 基期分类售电比例) × (基期分类售电单价 − 基期总售电平均电价)

分类售电比例 = 分类售电量/总售电量

(2)售电单价变化对平均电价的影响分析

售电单价变化对售电平均电价的影响,可以从售电收入的组成上进行进一步的分解。从目前电价政策上可将售电单价分解为电量电价、基本电价、峰谷增收单价(峰谷电价)、功率因数调整电费增收单价(力率调整电价)。但不论从哪一项分析,都应从最基础的统计单位进行分析,即对不同用电类别的电压等级分析,然后求和得出这一用电类别对售电平均电价的影响情况,根据影响情况找出异常原因,制订有效的销售策略。售电单价变化对售电平均电价的影响见公式为:

售电单价变化对售电平均电价的影响 =(本期分类售电单价 - 基期分类售电单价)× 本期分类售电量 ÷ 本期总售电量

①电量电价的影响。

电量电价的构成,首先与准确界定客户用电性质、保证国家电价政策执行到位有着密不可分的联系,其次,受行业分类电量构成比例的影响也较大,即高电价行业分类电量越大,电量电价构成也越高,反之低电价行业分类电量越大,电量电价构成也越低。

电量电价变化对售电平均电价的影响 =(本期分类电量电价 - 基期分类电量电价)× 本期分类售电量 ÷ 本期总售电量

②基本电价的影响。

基本电价完成的高低一方面与执行两部制电价的客户设备利用率的高低有关,设备利用率越高,基本电价越低,反之,设备利用率越低,基本电价越高;另一方面与本期新增并已投产的大工业客户数量有关;同时与基本电价的计费方式有关。基本电价变化对售电平均电价的影响见公式为:

基本电价变化对售电平均电价的影响 =(本期分类基本电价 - 基期分类基本电价)× 本期分类售电量 ÷ 本期总售电量

③峰谷电价的影响。

峰谷电费盈亏不仅与客户生产班次、避峰能力有关,而且与应执行峰谷电价的户数及峰谷电价客户的构成有关。峰谷电价变化对售电平均电价的影响为:

峰谷电价变化对售电平均电价的影响 =(本期分类峰谷电价 - 基期分类峰谷电价)× 本期分类售电量 ÷ 本期总售电量

④功率因数调整电费(又称力率调整电费)的影响。

功率因数调整电价变化对售电平均电价的影响 =(本期分类功率因数调整电价 - 基期分类功率因数调整电价)× 本期分类售电量 ÷ 本期售电量

【例6.3.3】 分类均价变化分析。

分类均价变化分析见表6.3.3所示。

表6.3.3 分类均价变化分析表 单位:元/MW · h

分类	分类均价		分类电价均价影响		
	本期	基期	单价变化 影响均价	结构变化 影响均价	售电均价 增减数
一、大工业	617	604	4.91	- 0.05	4.86
二、非普工业	726	692	3.50	0.56	4.06
三、农业生产	407	395	0.33	1.05	1.38

续表

分类	分类均价		分类电价均价影响		
	本期	基期	单价变化 影响均价	结构变化 影响均价	售电均价 增减数
四、居民生活	494	471	6.56	3.07	9.63
五、商业照明	977	963	1.04	1.24	2.28
六、非居民	813	797	0.98	−1.15	−0.17
总计	629	606	17.33	4.72	22.04

①分类均价:价内电费均价,即销售汇总表的售电均价。

分类售电均价 = 分类价内电费 ÷ 分类总售电量

②售电均价增减数:分类电价单价变化影响均价与分类电价结构变化影响均价之和。

售电均价增减数 = 单价变化影响均价 + 分类电价结构变化影响均价

【例6.3.4】售电均价变化对收入的影响分析。

售电均价变化对收入的影响分析见表6.3.4所示。

表6.3.4　售电均价变化对收入的影响分析表

（单位:万元;万 kW·h;元/MW·h）

分类	本期 电量	基期 电量	基本电费			力调电费			电度电价变化			合计	
			本期	基期	影响 收入	本期	基期	影响 收入	本期 均价	基期 均价	影响 收入	影响 收入	影响 均价
一、大工业	26 980	22 401	2 386	2 058	−93	42	78	−52	527	509	392	248	4.91
二、非普工业	6 131	5 029	0	0	0	117	77	24	707	676	153	177	3.50
三、农业生产	1 196	1 296	0	0	0	6	8	−1	403	389	18	17	0.33
四、居民生活	15 794	14 961	0	0	0	0	0	0	494	471	332	332	6.56
五、商业照明	4 318	3 601	0	0	0	0	0	0	977	963	53	53	1.04
六、非居民	3 400	3 278	0	0	0	0	0	0	813	797	50	50	0.98
总计	57 819	50 566	2 386	2 058	−93	165	162	−29	585	563	998	876	17.33

3)提高售电均价的主要措施

为实现售电均价在政策允许范围内的有效提高,在营业过程中可以重点采取以下措施:

①对大工业用户基本电费的计收是否严格按标准执行,有无少收现象:对装接容量较大,变压器利用率达到70%及以上者,应考虑按最大需量计收基本电费。

②严格按照国家权限部门的规定,对执行优待电价的工业产品用电认真核定。

③对城乡居民生活用电、一般工商业用电,按规定正确进行区分,不得随意混淆,防止高价低收。

④积极推行峰谷电价,认真执行功率因数电费调整办法。

【任务实施】

表 6.3.5　某台区供售电情况的营销统计与计算任务指导书

任务名称	台区供售电情况的营销统计与计算	学时	2 课时
任务描述	给定某台区某月份考核表抄表数据,售电客户抄表数据及其相关数据(含附加电价),自己设计表格进行电力营销的初步统计,计算出该台区该月份的各客户用电情况,应收电费,台区总售电量、总供电量、总应收电费、台区各用电类别用电量及用电比重、台区线损率、台区售电均价。		
任务要求	1. 分小组配合作业; 2. 按要求完成某台区供售电情况的营销统计与计算工作任务。		
注意事项	1. 认真学习有关电力营销统计与分析的知识,有不懂之处及时咨询指导老师; 2. 各组员之间应相互监督; 3. 安全文明作业。		
任务实施步骤: 一、危险点分析与控制措施 1. 违反电脑操作规范; 2. 违反电力营销统计规范。 二、作业前准备 准备某台区某月份考核表抄表数据,售电客户抄表数据及其相关数据(含附加电价);多媒体计算机。 三、操作步骤及质量标准 1. 表格设计,要求设计规范,表述清楚,条理清晰; 2. 供电量计算,售电量计算,要求公式正确,计算准确; 3. 各用电类别及比重分析,要求分类正确,公式正确,计算准确; 4. 售电均价计算,要求公式正确,计算准确; 5. 低压线损及低压线损率计算,要求公式正确,计算准确。 四、清理现场 整理计算机保存数据、清理桌面及纸质资料。			

【任务评价表】

表 6.3.6　台区营销分析技能实操考核评分表

姓名		班级		学号			
开始时间		结束时间		标准分	100 分	得分	
任务名称	某供电台区供售电情况分析						
说明的问题和要求	1. 要求独立进行分析； 2. 根据给定条件完成分析报表； 3. 利用电脑操作；有小数的数据项保留两位小数； 4. 给定某供电台区给定某月考核表抄表数据,售电客户抄表数据及其相关数据(含附加电价),自己设计表格进行营销的初步分析(如售电量,供电量,用电类别及用电比重分析,线损率,均价)。						

序号	步骤名称	质量要求	满分	评分标准	扣分原因	得分
1	供电量计算	供电量计算准确	10	供电量数据错误,每处扣5分		
2	售电量计算	售电量计算准确	20	售电量数据错误,每处扣5分		
3	各用电类别比重分析	各用电类别比重分析准确	20	比重分析不完整,漏一处扣5分,数据错误,每处扣5分		
4	售电均价计算	售电均价计算准确	20	售电均价错误,每处扣5分		
5	低压线损及低压线损率计算	低压线损及低压线损率计算准确	20	每错一处扣5分		
6	表格设计	表格设计合理规范	10	表格设计不合理、不规范扣5～10分		
教师(签名)			总分			

【情境总结】

本情景介绍了配网线损分类及各类线损计算方法、用电信息采集系统中线损异常查询及用户异常分析、售电量和售电均价的统计与分析方法。通过学习,学生能够分析线路和台区线损,能通过用电采集系统筛查线损异常并初步分析客户异常原因。

【思考与练习】

1. 什么叫线损?什么叫线损率?
2. 10 kV 配网线损如何分类?
3. 技术降损措施有哪些?管理降损措施有哪些?
4. 什么是同期线损合格率?
5. 用电信息采集系统中线损异常可从哪些方面进行查询?
6. 什么是售电均价?如何提高售电均价?

附录 功率因数、正切函数、电费调整比例对照表

功率因数	无功电量/有功电量	电费调整标准			功率因数	无功电量/有功电量	电费调整标准		
		0.90(%)	0.85(%)	0.80(%)			0.90(%)	0.85(%)	0.80(%)
1	0.000~0.100	-0.75	-1.1	-1.3	0.7	1.006~1.034	10	7.5	5.0
0.99	0.101~0.175	-0.75	-1.1	-1.3	0.69	1.035~1.063	11	8.0	5.5
0.98	0.176~0.227	-0.75	-1.1	-1.3	68	1.064~1.093	12	8.5	6.0
0.97	0.228~0.271	-0.75	-1.1	-1.3	0.67	1.094~1.123	13	9.0	6.5
0.96	0.272~0.310	-0.75	-1.1	-1.3	0.66	1.124~1.153	14	9.5	7.0
0.95	0.311~0.346	-0.75	-1.1	-1.3	0.65	1.154~1.184	15	10	7.5
0.94	0.347~0.379	-0.60	-1.1	-1.3	0.64	1.185~1.216	17	11	8.0
0.93	0.380~0.410	-0.45	-0.95	-1.3	0.63	1.217~1.248	19	12	8.5
0.92	0.411~0.440	-0.30	-0.80	-1.3	0.62	1.249~1.282	21	13	9.0
0.91	0.441~0.470	-0.15	-0.65	-1.15	0.61	1.283~1.316	23	14	9.5
0.9	0.471~0.498	0	-0.50	-1	0.6	1.317~1.350	25	15	10
0.89	0.499~0.526	0.5	-0.40	-0.9	0.59	1.351~1.386	27	17	11
0.88	0.527~0.553	1.0	-0.30	-0.8	0.58	1.387~1.422	29	19	12
0.87	0.554~0.580	1.5	-0.20	-0.7	0.57	1.423~1.460	31	21	13
0.86	0.581~0.606	2.0	-0.10	-0.6	0.56	1.461~1.498	33	23	14
0.85	0.607~0.632	2.5	0	-0.5	0.55	1.499~1.538	35	25	15
0.84	0.633~0.658	3.0	0.5	-0.4	0.54	1.539~1.579	37	27	17
0.83	0.659~0.685	3.5	1.0	-0.3	0.53	1.580~1.621	39	29	19
0.82	0.686~0.710	4.0	1.5	-0.2	0.52	1.622~1.664	41	31	21
0.81	0.711~0.736	4.5	2.0	-0.1	0.51	1.665~1.709	43	33	23
0.8	0.737~0.763	5.0	2.5	0	0.5	1.710~1.755	45	35	25
0.79	0.764~0.789	5.5	3.0	0.5	0.49	1.756~1.803	47	37	27
0.78	0.790~0.815	6.0	3.5	1.0	0.48	1.804~1.852	49	39	29
0.77	0.816~0.841	6.5	4.0	1.5	0.47	1.853~1.903	51	41	31

续表

功率因数	无功电量/有功电量	电费调整标准			功率因数	无功电量/有功电量	电费调整标准		
		0.90(%)	0.85(%)	0.80(%)			0.90(%)	0.85(%)	0.80(%)
0.76	0.842~0.868	7.0	4.5	2.0	0.46	1.904~1.957	53	43	33
0.75	0.869~0.895	7.5	5.0	2.5	0.45	1.958~2.012	55	45	35
0.74	0.896~0.922	8.0	5.5	3.0	0.44	2.013~2.069	57	47	37
0.73	0.923~0.949	8.5	6.0	3.5	0.43	2.070~2.129	59	49	39
0.72	0.950~0.977	9.0	6.5	4.0	0.42	2.130~2.192	61	51	41
0.71	0.978~0.005	9.5	7.0	4.5	0.41	2.193~2.257	63	53	43
0.4	2.258~2.325	65	55	45	0.1	9.472~10.478	125	115	105
0.39	2.326~2.397	67	57	47	0.09	10.479~11.722	127	117	107
0.38	2.398~2.472	69	59	49	0.08	11.723~13.295	129	119	109
0.37	2.473~2.550	71	61	51	0.07	13.296~15.352	131	121	111
0.36	2.551~2.633	73	63	53	0.06	15.353~18.154	133	123	113
0.35	2.634~2.720	75	65	55	0.05	18.155~22.199	135	125	115
0.34	2.721~2.812	77	67	57	0.04	22.200~28.553	137	127	117
0.33	2.813~2.909	79	69	59	0.03	28.554~39.987	149	129	119
0.32	2.910~3.012	81	71	61	0.02	39.988~66.659	141	131	121
0.31	3.013~3.122	83	73	63	0.01	66.660~199.997	143	133	123
0.3	3.123~3.238	85	75	65					
0.29	3.239~3.263	87	77	67					
0.28	3.264~3.496	89	79	69					
0.27	3.497~3.638	91	81	71					
0.26	3.639~3.791	93	83	73					
0.25	3.792~3.957	95	85	75					
0.24	3.958~4.136	97	87	77					
0.23	4.137~4.330	99	89	79					
0.22	4.331~4.542	101	91	81					
0.21	4.543~4.774	103	93	83					
0.2	4.775~5.029	105	95	85					
0.19	5.030~5.312	107	97	87					
0.18	5.313~5.626	109	99	89					
0.17	5.627~5.977	111	101	91					

续表

功率因数	无功电量/有功电量	电费调整标准			功率因数	无功电量/有功电量	电费调整标准		
		0.90(%)	0.85(%)	0.80(%)			0.90(%)	0.85(%)	0.80(%)
0.16	5.978～6.373	113	103	93					
0.15	6.374～6.823	115	105	95					
0.14	6.824～7.339	117	107	97					
0.13	7.340～7.937	119	109	99					
0.12	7.938～8.637	121	111	101					
0.11	8.638～9.471	123	113	103					

参考文献

[1] 国家电网公司人力资源部.抄表核算收费[M].北京.中国电力出版社,2010.

[2] 国家电网公司人力营销部(农电工作部)."全能型"乡镇供电所岗位培训教材[M].北京:中国电力出版社,2017.

[3] 张均玲.抄表核算收费[M].北京:中国电力出版社,2013.

[4] 李珞新.用电营业管理[M].北京:中国电力出版社,2011.

[5] 山西省电力公司.抄表核算收费[M].北京:中国电力出版社,2009.

[6] 宁夏电力公司教育培训中心.抄表核算收费[M].北京:中国电力出版社,2013.